우리는 성경을 읽으면서 변화된 사람을 발견하고 새로운 체제와 사회를 향한 소망을 품게 된다. 그런데 성경을 어떻게 읽느냐에 따라 성경이 기록된 본래 목적과는 전혀 다른 방향으로 빠지는 경우가 적지 않다. 개인의 필요에 집중해서 읽으면 자신의 필요에 어울리는 구절과 뜻만 취사선택하는 오류에 빠질 수 있다. 자기 성찰을 목적으로 읽을 경우 성경을 일종의 도덕 규범으로 대하여 자기 내면을 살피는 데 중점을 두게 된다. 지식을 얻기 위한 성경 읽기는 본문 분석과 저자의 의도 파악에 과하게 집중하게 한다. 하지만 이와 달리 하나님이 일하시는 방식, 곧 하나님이 활동하시는 긴 서사로 성경을 읽을 때 우리는 낡은 경계를 넘어 하나님이 꿈꾸시는 새로운 사회를 발견하는 데까지 나아간다. 저자는 우리 안에만 머무는 '공허한 구원'이 아니라 우리가 사는 세상 속의 경계를 넘어 새로운 공동체를 형성하는 변혁의 복음으로 우리를 안내한다. 《새로운 교회, 너머의 교회가 온다》에는 기존의 경계를 넘어 하나님이 일하시는 방식으로 새로운 사회로 가자고 손짓하는 저자의 고민이 오롯이 담겨 있다.

—**김병년** 다드림교회 담임목사

바울은 대부분의 서신을 선교 중에 기록했다. 따라서 바울 서신은 선교 상황에서 해석해야 한다. 이 점을 염두에 둔 저자의 신간 《새로운 교회, 너머의 교회가 온다》는 하나님의 선교 정신을 복음, 문화, 하나님의 공동체라는 삼각 구도 안에서 설명한다. 이는 갈라디아서를 초시간적 교리 논쟁서처럼 읽어온 기존의 방식과 다르다. 저자는 갈라디아 교회가 유대교의 옛 시대의 사고와 예수님으로 말미암은 새 시대의 사고가 중첩된 경계 시기를 넘어서려면, 은혜와 평화의 복음을 공동체의 마음과 몸에 새겨야 한다고 파악한다. 사도 바울의 '미션얼(선교적) 편지'인 갈라디아서에 나타난 구약 인용 중에서 아브라함 언약의 성취는 예수님을 믿는 성도가 세상의 복이 되도록 복을 받았다는 선교적 메시지를 의미한다고 강조한다.

그리스도인이 선교적 교회로 살려면 예수 그리스도에게 동화되며 자유를 누리도록 삶을 형성하는 제자 훈련이 필요하다. 그리고 성령님을 따르는 홀가분한 삶의 영성은 율법주의와 금욕주의, 자유방임적 신비주의라는 그릇된 영성을 거부한다. 또한 예수님의 십자가 사랑으로 형성된 성품 공동체를 추구하면 그 성품이 세상에서도 빛날 것이다.

저자는 각 장마다 오늘날 교회의 상황을 예리하게 파악하고 갈라디아서를 통해 진단하고 처방한다. 이 책의 독자는 저자의 세부 설명―그리스도의 신실함에 근거한 칭의, 개인 구원론적이며 법정적 칭의가 아닌 교회론 및 선교적 시각에서 본 칭의 등―에 동의하기 어려울 수 있다. 그럼에도 갈라디아서의 미션얼 메시지에 귀 기울이게 만드는 저자의 논리를 따라가다 보면 선교적 해석과 설교에 관한 통찰을 얻게 될 것이다. 끊임없이 선교적 교회와 해석을 신선하게 시도하는 저자를 응원한다.

―송영목 고신대 신약학 교수

선교적 교회 그리고 그 바탕을 이루는 선교적 성경 읽기를 향한 관심이 높아지고 있다. 그런데 한국 상황에서 선교적으로 성경을 해석한 실례를 보기란 지금까지 쉽지 않은 일이었다. 그런 의미에서 《새로운 교회, 너머의 교회가 온다》는 아쉬움을 달래 주는, 성경을 선교적 관점에서 읽는다는 것이 무엇인지에 대한 탁월한 본보기가 된다.

갈라디아서 '미션얼(선교적) 읽기'를 표방하는 이 책은 갈라디아서를 단순한 교리 요약이나 로마서의 축소판으로 보는 해석에서 벗어나, 다음 세 가지 핵심 렌즈를 통해 접근하고 있다. 역사적 맥락을 고려한 서신으로의 이해, 현시대에 울리는 메시지로의 재해석 그리고 이 둘을 포괄하며 연결하는 하나님의 선교 내러티브 속 한 장(章)으로서의 해석이다. 저자는 그렇게 갈라디아서 중심 주제들에 새로운 생명력을 불어넣으면서, 무엇보다 하나님의 말씀이 현대 그리스도인의 삶에 어떻게 적용될 수 있는지 구체적으로 제시하고 있다.

특히 저자는 갈라디아서를 '너머의 복음'과 '너머의 교회'라는 개념을 통해 풀어내면서 현대 교회가 마주한 난제들을 어떻게 풀어 가야 할지 혜안을 보여준다. 따라서 오늘날 하나님께서 성경을 통해 어떤 말씀을 하고 계시는지 듣고자 하는 모든 이에게 이 책은 큰 울림을 줄 것이다. 교회의 본질과 사명을 고민하며 성경을 붙들고 씨름하고 있는 분들에게 일독을 권한다.

—송태근 삼일교회 담임목사·미셔널신학연구소 이사장

하나님의 선교 관점에서 성경을 읽는 또 하나의 좋은 책이 나왔다. 그간 "일상의 눈으로 성경을 보고 생활의 언어로 함께 나누는" 삶을 살아온 저자는 이 책을 통해 탈종교 탈교회 시대에 갈라디아서가 지니는 의미를 풀어낸다. 갈라디아서는 편지 내용 자체도 논쟁적이고, 교회사 속에서도 수많은 논쟁을 불러일으킨 책이 아닌가? 그러나 저자는 갈라디아서가 논쟁적 편지이기 이전에 '미셔널' 편지임을 보여준다. 선교적 해석학은 콘텍스트와 텍스트를 대화시켜, 이전에 보지 못했던 텍스트 본연의 의미를 보도록 돕는다. 저자는 탈종교 탈교회라는 우리의 '전환기'적 상황에서 출발하여 갈라디아서가 지닌 특별한 '전환기'적 메시지를 통찰한다. 즉, 유대인의 경계를 넘어 모든 민족에게로 다가가신 하나님의 선교 이야기가 그 시대 사람들에게 경계 너머의 사고와 삶을 요구하였을 뿐만 아니라, 오늘 우리에게도 익숙한 신앙과 삶의 경계를 넘도록 도

전한다는 통찰은 신선하면서도 갈라디아서를 꿰뚫는 힘이 있다. "이미 하나님은 교회 바깥에서 일하고 계십니다"라는 저자의 마지막 말은 저자가 이해하는 '미션얼'의 의미를 대변할 뿐 아니라, 사뭇 예언자적이기까지 하다. 그래서 그에게 복음은 처음부터 '너머의 복음'이고 교회 또한 '너머의 교회'일 수밖에 없었을 것이다. 갈라디아서와 함께 하나님의 선교 관점에 대한 전반적인 이해를 제공하는 짧지만 강렬한 책이다. 무엇보다 저자의 삶이 녹아 있는 책이다..

—**정성국** 아신대 신약학 교수

새로운 교회, 너머의 교회가 온다

새로운 교회, 너머의 교회가 온다

너머의 교회가 온다

Reading
Galatians
Missionally

하나님의
선교 관점으로 읽는
갈라디아서

지성근

비전북

그동안 함께 미션얼의 꿈을 꾸고 땀을 흘렸던
교회2.0컨퍼런스와 미션얼컨퍼런스의 스피커들과
미션얼동행 벗들에게 이 책을 바칩니다.

일러두기

• 본문에 나오는 성경 구절은 별도 표기가 없는 경우 모두 '새번역'에서 인용한 것입니다.

차례

지금 우리에게 필요한 미션얼 읽기

'선교적 교회'를 향한 두 시선: 감사와 우려 ───────

여기저기서 '선교적 교회'(missional church)를 이야기합니다. 이제는 중대형 교회들도 심심찮게 '선교적 교회'라는 주제로 세미나와 컨퍼런스를 열고, 주요 해외 인물들을 강사로 초청하기도 합니다. 이 모습이 한편으로는 감사하지만, 다른 한편으로는 우려스럽습니다.

　감사한 점은 선교적 교회 담론이 널리 퍼졌다는 사실입니다. 저는 20여 년 전, 유학 시절 박사과정을 시작할 때 '복음과 문화 네트워크'(The Gospel and Our Culture Network, GOCN)의 북미 '선교적 교회 컨설테이션'(Missional Church Consultation)에 참석하면서 선교적 교회를 구체적으로 접했습니다. 귀국 후 섬기던 단체인 한국기독학생회(IVF)를 통해 배운 바를 확산하려 하던 중, 2006년 학원복음화협의회가 주최한 제3회 캠퍼스사역컨퍼런스에서 '전환기 캠퍼스사역, 선교적 공동체로 도약하라'라는 주제로 동료 사역자들에게 선교적 교회를 본격적으로 소개할 기회를 얻었습니다. 그리고 몇 년간 준비한 끝에 2010년에는 후일 미션얼컨퍼런스로 이름을 바꾼 교회2.0컨퍼런스를 개최했습니다.

이 컨퍼런스를 기점으로 선교적 교회 이야기의 물꼬를 튼 이후로, 저는 한국에서 선교적 교회 담론이 더욱 확산하기를 기대하고 기도했습니다. 교회의 본질과 사명 차원에서만 봐도 선교적 교회 담론의 확산이 한국 교회를 새롭게 하는 중요한 길이 될 것이라고 생각했기 때문입니다.

그러나 담론 확산이 꼭 좋은 결과만을 가져오지는 않습니다. 최근 여기저기서 선교적 교회 담론의 확산에 우려 섞인 반응을 보이고 있습니다. 선교적 교회 운동이 그 정신과 태도를 강조하는 차원에서 벗어나고 있다는 시각입니다. 탈종교 현상을 비롯해 범람하는 위기 상황에서 이 운동도 교회의 현상 유지 혹은 성장을 위해 활용할 수 있는 프레임으로 여겨, 결국 새로운 유행에 따라 지나가는 프로그램이나 이벤트처럼 취급하는 것은 아닌지 우려합니다.

특히 규모 있는 교회들이 이 주제를 다루면서 예상치 못한 방향으로 운동이 왜곡될 가능성이 있다고 걱정하는 이도 있습니다. 대형 교회가 인적·물적 자원을 통해 표면적으로 이 운동을 확산할 수는 있겠지만, 전반적으로 크리스텐덤(기독교왕국주의, 콘스탄티누스주의)을 경계하는 선교적 교회의 기본 태도나 정신이 왜곡될 수 있다는 점은 염려하지 않을 수 없습니다.

그렇다면 현 단계에 한국 교회에서 일어나는 선교적 교회 논의와, 이에 대한 평가가 긍정적으로 진행되려면 무엇부터 해야 할까요? 물론 이 고민에 대한 대답은 전방위적으로 찾아야 합니다. 하지만 먼저는 기본 정신과 태도가 사라지고 이벤트, 프로그램, 사례만 남는 현상이 심화되는 방향으로 가지 않도록 하는 것이 중요합니다. 결국은 선교적 교회에 대한 담론, 즉 이론과 다양한 실행 사례를 나누는 차원을 넘어서는 방향으로 가야 합니다.

무엇보다 선교적 교회가 단순히 목회자만이 아니라 모든 성도에게 관심을 받는 방향으로 나아가려면, 더 깊은 차원의 성서 읽기와 하나님의 선교 관점을 제공하는 성서 해석이 필요합니다. 그리고 이 같은 성서 해석에 바탕을 둔 강론과 풀뿌리 성경 공부 운동으로 연결되어야 변화가 일어날 수 있습니다.

정말 아쉬운 점은 그동안 신구약 성서학자부터 목회자에 이르기까지, 하나님의 선교 관점으로 성경을 해석하는 모습을 찾아보기가 쉽지 않았다는 사실입니다. 크리스토퍼 라이트의 《하나님의 선교》·《하나님 백성의 선교》(IVP) 등 성경 해석에 중요한 관점을 제공하는 책들이 출간된 지 이미 10년도 더 지났는데도 말입니다. 당연히 교회에서 선포되는 메시지에서 하나님의 선교 관점을 지닌 강론을 발견하기도 쉽지 않습니다. 그나마 2020년 이후로 조금씩 국내 학계나 교계에서 성경을 선교적으로 읽고 해석하며 강론하려는 움직임이 보인다는 데서 작은 희망의 구름을 보고 있습니다.

미션-얼(mission-al), '하나님의 선교 정신'

선교적 교회 용어와 관련해서 말하자면, 그간 'missional'이라는 단어를 통상적으로 '선교적'이라고 번역할 때 생기는 오해와 의미의 왜곡이 있었습니다. 이것을 피하고자 해외 선교를 연상케 하는 '선교적'이라는 기계적 번역어 대신에, 역동적으로 의미를 살린 표현인 '보냄 받은' '향(響)선교' '사명적' 등으로 번역을 시도했고, 그냥 읽히는 대로 '미셔널'이라고 표기하기도 했습니다.

마침 2012년에 그간 서울에서 진행한 교회2.0컨퍼런스를 새롭게 단장할 필요가 생겼습니다. 컨퍼런스 이름을 바꾸어야 해서 고민하던 중, missional을 음가대로 읽되 '미션'(선교)을 해외 선교까지 포괄하는 '하나님의 선교'를 함축하는 말로 여기고, 여기에 정신·생각·태도를 이르는 한국 고유의 단어 '얼'을 붙여서 '미션얼'로 표기하자고 제안하게 되었습니다. 컨퍼런스 이름은 미션얼컨퍼런스로 정해졌습니다. '미션얼'이라는 용어를 통해, 해외 선교를 넘어 더 넓게 하나님의 선교를 이해하자는 의도와 함께 우리가 발붙이고 있는 한국이라는 땅에서 한국적인 우리의 이야기를 해 보자는 의도도 담아 보려고 했습니다.

저는 이 책에서, 현재 여러 우려 가운데 유행하는 '선교적(혹은 미셔널) 교회' 담론과 구별하기 위한 용어로 '미션얼'을 사용하려 합니다. 앞서 언급했듯이, 기존의 크리스텐덤 기독교 유산을 탈피하여, 이 운동을 교회 성장주의를 위한 수입 프로그램이나 이벤트가 아니라 교회의 존재 이유와 본질에 근거한 올바른 태도와 정신을 강조하는 운동으로 묘사할 단어가 필요하기 때문입니다.

그런 이유에서 '미션얼'이라는 단어를 다시 강조하고 싶습니다. 우리는 언제나 시작은 좋았으나 결국은 복음 자체의 능력 약화로 이어진 기독교의 역사를 알고 있습니다. 복음과 권력의 밀착이라는 끈질기고 오래된 교회사적 한계를 어떻게 극복할 것인가 하는 문제와, 서구를 따라가지 않고 우리 문화 속에서 교회의 존재 이유를 고민하면서 자생적인 이야기로 하나님의 선교를 구현하는 문제를 고려해야 합니다. 이를 위해 '하나님의 선교 정신(얼)'을 부각하는 '미션얼'이라는 단어가 다른 용어들보다 유용하리라고 생각합니다.

미션얼 삼각형과 성경 해석 공동체

미션얼, 즉 '하나님의 선교' 정신(얼)을 통해, 보냄 받은 시간과 장소에서 (문화와 사람들 가운데) 개인 혹은 공동체로 존재하고 살아간다는 것이 무엇인지 고민한다는 말은 '복음'과 '문화'와 '하나님의 백성 공동체'라는 삼자적 삼각형 관계를 유념한다는 뜻입니다. 이 미션얼 삼각형에 따르면 우선 하나님의 백성 공동체가 성경이 계시하는 복음의 상상력에 사로잡히고, 그 상상력을 통해 그리스도인 개인과 공동체가 살고 호흡하는 시공간인 세상과 문화를 대해야 합니다. 원래 성경은 공동체에 주어진 책이고, 하나님의 백성은 성경을 해석하는 공동체입니다. 성경은 먼저 성경이 쓰인 그 시대의 시공간을 살았던 이들, 당대의 일상과 문화 가운데 생활했던 이들에게 주어진 책입니다. 그렇기에 일차적으로 그 시대의 일상생활 시공간과 문화의 눈으로 읽고, 거기서 얻게 된 상상력을 통해 오늘 우리의 일상생활 시공간과 문화를 해석하고 살아 내는 방향으로 활용해야 합니다.

일상생활사역연구소는 이런 생각에 근거해서 2008년부터 일상의 눈으로 성경을 보고 생활의 언어로 함께 나누는 일상생활 성경 공부 그룹인 엘비스클럽(Everyday Life Bible Study Club, ELBiS Club)을 매주 열었습니다. 성경을 공동체적으로, 귀납적이면서도 통전적인 방식을 활용하여 함께 공부해 왔습니다. 본서에서 다루는 갈라디아서 역시 일차적으로 엘비스클럽에서 함께 보고 나눈 본문입니다. 그리고 이 성경 해석 공동체에서 얻은 상상력과 본문 이해를 구체적 삶의 현장, 교회 공동체 현장에서 사고하고 적용할 기회가 있었습니다. 2018년 2월과 3월에 부산 사귐의교회에서 담임목사님이 안식월을 보내는 동안 8주간에 걸쳐 갈라디아서를 강론했던 것입니다. 이 기회로 구체적인 교회 공동체 관점에서 다시금 본문을 보았고, 당시 구체적인 시점에서 한국 교회와 한국 사회를 생각하면서 어떻게 그리스도인 공동체가 살고 생각해야 할지 반응할 수 있었습니다. 독자들 역시 이런 구체적인 상황을 염두에 두고 읽을 때 이 책으로부터 더 효과적인 도움을 받을 수 있을 것입니다.

'갈라디아서 미션얼 읽기'가 주는 도전 ————

많은 이가 갈라디아서를 율법과 은혜의 교리와 관련된 신학적 논쟁에 관한 책으로 읽습니다. 그렇지만 이렇게만 읽으면 갈라디아서가 품고 있는 엄청난 역동과 의미를 축소하고 맙니다. 이 책은 온전하게 '하나님의 선교' 관점에서 갈라디아서를 보려는 시도입니다. 하나님의 선교 관점에서 본다는 것은 무엇일까요? 딘 플레밍은《선교적 성경 해석학》(IVP) 11장 '선교적으로 골로새서 읽기'에서 조지 훈스버거가 이야기한 네 가지 선교적 해석학의 흐름을 두 가지로 정리합니다(313-314쪽). 하나는 성경 자체의 미션얼 특성을 따지는 것이며, 다른 하나는 성경이 오늘날 상황에 어떻게 관여하는가, 즉 독자의 미션얼 상황을 고려하는 것입니다.

그렇다면 갈라디아서를 하나님의 선교 관점에서 읽는 것은 왜 중요할까요? 우선 갈라디아서에 미션얼 특성이 있기 때문입니다. 갈라디아서는 당대의 일상과 문화 가운데 생활했던 이들에게 주어진 서신입니다. 갈라디아 교인들에게 이 편지를 쓴 바울의 시대적 문제의식이 무엇이었을까를 먼저 생각해야 합니다. 이것이 16세기 종교개혁자들의 문제의식으로 갈라디아서를 보는 일보다 우선되어야 합니다.

　그렇기에 갈라디아서를 교리적으로 첨예한 논쟁을 담은 책으로 읽기보다, 새로운 전환기에 하나님의 복음이 어떻게 기존의 경계를 넘어 하나님의 백성을 형성하는가 하는 관점에서 읽을 필요가 있습니다. 당시는 복음이 1세기 유대교 중심 문화와 종교의 경계를 넘어서 확산되는 시점이었습니다. 갈라디아 교회가 과거의 틀이라 할 수 있는 유대교적 사고방식과 수구적 도전을 어떻게 극복해서 복음으로 새로운 문화와 상황을 해석하는 공동체로 형성될 수 있었는지를 볼 수 있습니다.

　또 하나 흥미로운 점은, 하나님의 선교 관점에서 구약성경을 읽고 해석하는 사례가 갈라디아서에 등장한다는 사실입니다. 이 사례들을 통해 오늘 우리 시대에 개인과 공동체가 성경을 하나님의 선교 관점에서 읽는 것이 무엇인지 배울 수 있다는 점에서 갈라디아서를 보는 의미가 깊다고 할 수 있습니다.

　그리고 갈라디아서 미셔널 읽기는 21세기인 오늘날 우리 그리스도인 개인과 교회 공동체가 처한 상황들에 관여한다는 점에서도 의미가 있습니다. 우리는 갈라디아서를 통해 바울을 비롯한 당시 사람들이 1세기 변화의 시기에 경계를 뛰어넘는 복음, 경계 너머에서 역사하시는 하나님의 일하심에 어떻게 반응했는지를 살피게 됩니다. 이 작업은 21세기라는 또 다른 변화의 시기를 살아가는 우리에게 큰 시사점을 줄 수 있습니다. 문화 격변기, 전환기, 변화의 시기를 통칭

하는 인류학적 개념으로 '경계 시기'(Liminality)라는 말이 있습니다. 갈라디아서는 '경계 시기'에 처한 21세기 그리스도인 공동체들의 패러다임 전환에 매우 의미가 있는 책입니다.

인류학자 빅터 터너는 아프리카 은뎀부(Ndembu)족을 관찰하며 이들이 성인식을 통해 유년기에서 성인기로 들어가는 과정을 연구하던 중 통과의례를 거치는 시기에 주목했습니다. 그는 어린아이가 아니지만 아직 어른이 되지 못했기 때문에 성인 대접을 받지 못하는 시기를 '경계 시기'로 명명하고, 경계 시기를 통과하는 공동체 경험을 '코뮤니타스'(Communitas)라고 표현했습니다(빅터 터너, 《의례의 과정》, 한국심리치료연구소).

알렌 락스버러의 《길을 잃은 리더들》(국제제자훈련원)과 마이클 프로스트의 《위험한 교회》(SFC)는 '경계 시기'와 '코뮤니타스'를 21세기 포스트모던 시대, 포스트크리스텐덤 시대의 교회 공동체와 연결하면서, 이런 시기를 위한 새로운 상상력이 필요하다고 공통적으로 이야기합니다. 갈라디아서는 경계 시기에 경계를 넘어 일하시는 '하나님의 선교'를 말하는 편지이기에 우리 시대 그리스도인들 및 교회 공동체에 필요한 메시지와 공명하는 지점이 있습니다.

지금까지 이야기한 바에 따라, 이 책은 1장부터 3장까지 각각 경계 시기에 경계를 넘어서는 복음, 바울의 자전적 이야기에 담긴 '하나님의 선교' 이야기, 칭의에 대한 구원론적·교회론적·선교론적 이해를 다룹니다. 우리는 이를 통해 갈라디아서가 지닌 미셔널 특성을 보게 될 것입니다. 더불어 4장과 5장에서는 바울의 구약성서 미션얼 읽기 사례를 통해 미션얼 성서 해석을 고민하고, 6장부터 8장까지는 제자 훈련과 영적 형성(영성), 경계 시기의 교회 공동체를 위한 새로운 상상력이 무엇인지 살펴볼 것입니다.

부족한 이 책이 성서학자들을 자극하여 그들에게서 격려나 비판을 받을 수 있다면 감사할 것입니다. 격려나 비판 가운데 성경을 하나님의 선교 관점에서 읽는 것이 무엇인지에 대한 학자들의 논의가 촉발되기를 기대합니다. 목회자들에게는 이 책이, 하나님의 선교 관점에서 성경 본문을 강론하는 작은 사례가 되기를 바랍니다. 그리하여 누구든지 나도 이렇게 해 볼 수 있겠다는 자신감을 얻을 수 있다면 좋겠습니다. 무엇보다도 이 책을 통하여 모든 성도가 자신이 보냄 받은 곳, 사명의 자리인 일상생활 가운데 어떤 정신과 태도로 살아야 할지에 대한 이해와 자신감을 얻을 수 있기를 기대해 봅니다.

아무쪼록 독자들이 갈라디아서를 읽으면서 변화의 시대인 오늘날, 문명 전환기를 살아가는 데 필요한 상상력을 얻을 수 있기를 바랍니다. 갈라디아서 미션얼 읽기를 통해 얻은 관점으로, 새로운 시간과 새로운 공간에서 우리보다 앞서 행하시는 하나님의 일하심, 하나님의 선교를 발견하고 경축하며 동참하는 은혜를 경험할 수 있었으면 좋겠습니다.

1

복음
전환기(Liminality)와 복음

갈 1:1-12

옛 사고방식과 새로운 사고방식이 중첩된 21세기를 살아가는 우리가 갈라디아서를 통해 얻을 수 있는 상상력은 무엇일까요?

---

3 우리 아버지 하나님과 주 예수 그리스도께서 내려 주시는 은혜와 평화가 여러분에게 있기를 빕니다. **4** 예수 그리스도께서는 하나님 우리 아버지의 뜻을 따라 우리를 이 악한 세대에서 건져 주시려고, 우리의 죄를 대속하기 위하여 자기 몸을 바치셨습니다. **5** 하나님께 영광이 영원무궁 하도록 있기를 빕니다. 아멘.

바울이 갈라디아서를 쓴 이유

사도 바울은 세 차례 선교 여행을 하면서 곳곳에 교회를 세웠습니다. 그렇게 세워진 교회에 직접 방문하지 못할 때면 종종 편지를 써서 교회를 도왔습니다. 대개의 학자는, 바울이 보낸 이런 편지 중 갈라디아서를 최초의 서신으로 여깁니다.

갈라디아 지방 교회는 비시디아 안디옥, 이고니온, 루스드라, 더베 등의 이름을 지닌 지역 교회들입니다. 이 이름들은 사도행전에서 바나바와 바울의 선교 여행 초기에 등장합니다. 사도행전 13-14장에 기록되어 있습니다. 바울의 선교팀은 안디옥과 이고니온의 유대인 회당에서 복음을 선포하기 시작했다가, 유대인들에게 방해를 받아 다음 장소로 움직입니다.

어쩔 수 없이 루스드라로 옮겨 가서 전한 복음을 유대인이 아닌 이방인들이 듣게 됩니다. 걷지 못하는 사람을 치유한 일로 바나바는 신

중의 신 제우스, 바울은 말의 신 헤르메스라고까지 칭송받기에 이르고, 바울과 바나바는 이 지점에서 유대인과는 다른 방식으로 복음을 전하게 됩니다. 그러나 열심을 품은 유대인들이 안디옥과 이고니온에서 이곳까지 달려왔고, 이들은 결국 다시 더베로 쫓겨 갑니다. 선교팀은 이후 거꾸로 루스드라, 이고니온, 비시디아 안디옥, 즉 갈라디아 지방을 거쳐 바닷길을 여행하여 예루살렘에서 선교 보고를 합니다.

갈라디아 지역의 교회가 다시 언급되는 부분은 사도행전 16장입니다. 사도행전 15장은 이방인 회심 문제로 예루살렘 공의회가 열리는 유명한 대목입니다. 공의회로 모이고 난 후, 마가 요한이 합류하는 문제로 바울과 바나바가 다투게 되어 선교팀이 예기치 않게 해체되고 맙니다. 이제 바울은 실라와 다시 여행을 떠납니다. 바울이 육로로 현 레바논 시리아를 거쳐 튀르키예 동남부 지역 길리기아를 통과하는데, 마침내 갈라디아의 더베와 루스드라에서 디모데를 만납니다. 디모데와 함께 지금의 튀르키예, 당시 아시아 지역에 복음을 전하던 바울의 선교팀은 바울이 마케도니아 환상 체험을 하면서 지금의 그리스 곧 마케도니아로 향합니다.

사도행전 18:23에 보면 이 여행을 마치고 다시 안디옥에 돌아온 바울이 갈라디아와 브루기아 지역을 차례로 다니며 모든 제자를 굳건하게 하는 사역에 힘쓰는 모습을 볼 수 있습니다. 즉, 바울은 적어도 3번 이상 직접 방문하여 목회적으로 돌볼 만큼 갈라디아 교회를 향해 사랑과 관심을 쏟은 것으로 보입니다.

갈라디아서 시작 부분은 당시 대부분의 편지처럼, 그리고 바울의 다른 서신서처럼 형식미를 갖추고 있습니다. 발신인 바울 자신과 수신인(1:2 "갈라디아에 있는 여러 교회")을 언급한 데 이어, 통상적 인사(1:3)와 함께 찬송시(1:4-5)를 덧붙이는 식으로 짧게 구성되어 있습니다. 그러나 우리는 이 짧은 편지 서문에서 바울이 갈라디아서를 쓰게 된 특별한 이유를 짐작할 단서들 역시 찾을 수 있습니다. 다른 서신서에서 쓰는 통상적 인사와는 조금 다른 강조점을 발견하기 때문입니다. 여기서 바울은 단도직입적으로 자신의 사도 자격에 대해, 자신의 메시지인 복음에 대해 더 상세하게 말할 필요를 느끼는 듯합니다.

우선 1:1-5를 볼 때, 반복과 비교, 대조를 통해 드러나는 편지 저자의 강조점은 이렇습니다. "사람들이 시켜서" 혹은 "사람이 맡겨서" 등 "사람"이 반복되고, 이에 대조되는 어구인 "예수 그리스도"와 "하나님 아버지"가 연결된 대목이 3회 반복(1:1, 1:3, 1:4)되어 눈에 띕니다. "사람"의 반복과 "하나님" "그리스도"의 반복은 다음 문맥인 1:6-12에 나오는 "복음"과 "다른 복음"의 반복 및 비교, 대조와 연결됩니다. 특히 "다른 복음"과 대조되는 "그리스도의 복음"(1:7)은 바울 자신이 전한 복음(1:11 "내가 전한 복음")입니다. 그렇기에 바울은 이 편지를 쓰기 시작하면서부터 자신이 사람들의 합의나 임명으로 사도가 된 것이 아니라고 말합니다. 성부 하나님과 성자 예수 그리스도께 임명받아 사도가 되었다고 단언합니다.

왜 바울은 이렇게 편지 첫머리에서부터 급하고도 강력하게 자신의 사도 자격을 강변할까요? 앞으로 밝혀지겠지만, 1:10에서 "내가 지금 사람들의 마음을 기쁘게 하려 하고 있습니까? … 사람의 환심을 사려고 하고 있습니까?"라고 반복하여 묻는 말을 통해 왜 그런지 추론할 수 있습니다. 다른 복음을 주장하는 이들이, 새로 생긴 갈라디아 지역의 교회에 아래와 같은 소문을 흘리고 다니지 않았나 추측됩니다.

> "바울은 여러분 이방 사람들의 환심을 사려고, 여러분들에게 '이방인에게 복음의 놀라운 자유가 전해지는 새로운 시대가 되었다'라고 말하면서 돌아다닙니다. 그러면서도 이방인 여러분들에게 마땅히 해야 할 말을 하지 않았습니다. 바울은 여러분이 해야 할 일을 빠뜨렸습니다. 여러분, 예수 그리스도를 믿는 것도 중요하지만 오랜 세월 동안 하나님의 뜻으로 유대인들에게 주어졌던 율법을 준수하고 할례를 받는 것도 중요합니다. 도대체 바울이 뭐 하는 사람입니까? 예루살렘 교회와 별 관계도 없는, 근본도 없는 사람 아닙니까?"

이들은 바울의 권위를 무너뜨리면서 그가 전하는 복음에 무언가 부족하다고 말하고 있습니다. 그렇기 때문에 바울은 이 사람들과 이들의 말에 솔깃하여 영향을 받는 갈라디아 교회를 향해, 서신 초입부터 복음이 무엇이고 자신이 어떤 자격으로 복음을 전하는지를 강력하게 주장하는 것입니다.

바울이 전하는 복음의 알짬 ──────

바울은 처음부터 복음이 무엇인지를 분명히 진술합니다. 1:12에서 바울은 자신이 전한 복음은 사람이 만들어 낼 수 있는 메시지가 아니며, 다른 사람에게서 배워서 얻은 것도 아니라고 합니다. 직접 예수 그리스도의 나타나심을 경험하여 받은 복음이라고 말합니다. 우리는 바울의 회심 이야기를 통해 이를 잘 알고 있습니다. 바울은 부활하신 그리스도의 나타나심을 경험했습니다. 다음 장에서 우리는 바울이 자기 경험을 자서전적으로 이야기하는 것에 관해 더 자세히 보게 됩니다.

여기서 바울이 전한 복음, 바울의 선교팀이 전한 복음에 담긴 핵심 내용은 무엇입니까? 1:3-5을 보면, 복음의 알짬이 다 들어 있습니다.

우리 아버지 하나님과 주 예수 그리스도께서 내려 주시는 은혜와 평화가 여러분에게 있기를 빕니다. 예수 그리스도께서는 하나님 우리 아버지의 뜻을 따라 우리를 이 악한 세대에서 건져 주시려고, 우리의 죄를 대속하기 위하여 자기 몸을 바치셨습니다. 하나님께 영광이 영원무궁 하도록 있기를 빕니다. 아멘.

첫째, 복음은 무엇보다도 예수 그리스도께서 우리의 죄를 대속하기 위해 자기 몸을 바치셨다는 것입니다. 우리는 죄인이며, 죄는 대가를 요구합니다. 예수 그리스도께서는 몸으로 오셔서 몸을 통해 대가를 지불하셨습니다. 내가 감당치 못할 빚을 예수 그리스도께서 청산하셨으니 이것이 복된 소식이 아니고 무엇이겠습니까? 그러나 우리는 여기서 더 나아가야 합니다.

둘째, 복음은 우리를 "이 악한 세대에서 건져 주시려고" 그리스도께서 죽으셨다는 것입니다. 여기서 주의 깊게 보아야 할 점은 바울이, 악한 세상(World)이 아니라 악한 세대(age)라고 표현한다는 사실입니다. 유대인은 역사를 '이 세대'(this age)와 '오게 될 세대'(the age to come)로 나누어 이해했습니다. 예수 그리스도께서 성육신하여, 유대인들이 미래에 있을 것으로 기대하는 '앞으로 올 시대'가 이미 '이 세대'에서 시작되었다는 인식이 신약성경의 역사의식입니다. 이 세대와 앞으로 올 세대가 중첩되는 가운데 그리스도 대속의 복음은 우리를 이 세대에서 건져, 앞으로 올 세대를 살도록 하는 셈입니다. 다시 말하자면, 복음이란 이전 세대 속에 있지만 옛 시대를 살지 않고 그 시대로부터 건짐을 받아 새로 온 시대를 살도록 합니다. 바울은 갈라디아를 괴롭히던 다른 복음이 이 사실을 왜곡하여 옛 시대로 돌아가도록 만들기에, 또 하나의(another) 복음이 아니라 잘못된 복음, 틀린 복음이라고 강변합니다.

셋째, 복음은 하나님의 뜻을 따라 그리스도께서 죽으셨다는 것입니다. 이 모든 일이 하나님의 뜻, 청사진을 따라 이루어졌습니다. 우리를 이 악한 세대에서 건져 새로운 시대를 살도록 하시는 것이 하나님의 청사진, 원대한 목적과 뜻입니다.

넷째, 복음은 결국 하나님의 백성과 공동체인 교회에 은혜와 평강을 주는 것입니다. 이 은혜, 이 평화는 성부 하나님과 성자 예수 그리스도께서 내려 주십니다. 이 은혜와 평강은 새로 온 시대의 특징입니다. 옛 시대는 은혜와 평강이 아닌 두려움과 배제와 혐오를 부채질합니다.

마지막으로, 복음은 하나님의 영광이 영원 무궁하기를 지향합니다. 하나님께 영광을 돌리는 것은 인생의 제일 되는 목적이자 모든 피조물의 존재 이유입니다. 복음의 결국, 복음의 지향점은 하나님의 영광입니다.

공동체 맥락에서 논박한 '다른 복음'

복음의 성격을 밝힌 바울은 "다른 복음"에 대해 과격한 표현을 불사합니다. 첫눈에 봐도 당황스러울 정도로 과격한 표현을 사용합니다. 우선 바울은 편지글 인사를 마치자마자 1:6에서 불쑥 안타까운 감정

("나는 놀라지 않을 수 없습니다")을 비칩니다. 다른 서신서와는 사뭇 다른 모습을 보이는 셈입니다. 부드럽게 접근하지 않습니다. 게다가 1:8-9에서 두 번이나 "저주를 받아야" 한다고 하는데, 정황을 모르는 상태로 읽으면 매우 불편하고 당황스럽게 다가올 표현입니다.

사실 많은 사람이 갈라디아서에 등장하는 이러한 언어가 마음에 들지 않는다는 이유로 바울에게 심리적 문제가 있다고 말합니다. 아니면, 바울을 원래 고집이 세고 배제와 혐오를 기본 바탕으로 깔고 있는 사람이라고 생각합니다. 자신과 생각이 다른 사람에게 저주 퍼붓기를 마다하지 않는 현대판 분리주의자들, 근본주의자들처럼 보이기 때문입니다. 그러나 전체적으로 뭔가 단호하고 강한 격정이 느껴지는 듯한 표현들은 바울의 인격적 한계나 문제 때문이 아닙니다. 이렇게 바울을 평가할 근거가 무엇일까요?

우선 1:8-9에 나오는 저주 선언이 다른 사람들에게만 한정되지 않는다는 점에 주목해야 합니다. 오히려 바울은 먼저 '우리라도' "다른 복음을 전하면 마땅히 저주를 받아야 합니다"라고 말합니다. "우리가 여러분에게 전한 복음" "여러분이 이미 받은 것"과 같은 말을 통해, 앞서 1:3-5에 이야기한 것과 다른 내용을 말하면 누구든지 다른 복음을 전하는 것으로 생각하고 있습니다. 다른 내용을 전할 경우, 심지어 바울의 선교팀이라도, 바울 자신이라도 저주에서 벗어날 수 없다는 말입니다.

그리고 본문 이야기를 잘 따라가다 보면, 바울이 개인적인 호불호에 근거하지 않고, 오히려 매우 공동체적으로 이 문제에 접근한다는 사실을 발견하게 됩니다. 우선 1:2에 나오는 발신인과 수신인은 모두 복수입니다. 바울은 "함께 있는 모든 믿음의 식구들과 더불어" 편지를 보내고 있습니다. 동시에 이 편지를 받은 갈라디아 수신인도 복수의 교회, 즉 "갈라디아에 있는 여러 교회"입니다. 그뿐 아니라, 1:4에서 당시 불리던 구원과 복음에 관한 찬양시("예수 그리스도께서는 하나님 우리 아버지의 뜻을 따라 우리를 이 악한 세대에서 건져 주시려고, 우리의 죄를 대속하기 위하여 자기 몸을 바치셨습니다")를 인용하는데, 이 짧은 시에서 "우리"라는 대명사를 세 번이나 사용합니다. **바울의 강력한 격정, 신랄한 비판의 논조는 복음의 공동체성에서 나오는 것입니다.**

맥락 없는 비난과 비판은 무용하고 무책임합니다. '우리'라는 공동체 맥락에 대한 기본적 신뢰와 의식 없이 무작위 대상인 '저들'(타자)을 향해 신랄한 비판을 퍼붓는다면 자기만족일 뿐입니다. 실제적으로도 무익합니다. 오늘날 많은 사람이 맥락이나 팩트에 상관없이, 공동체 의식에 대한 공감 없이 타인들에게 날카롭게 반응합니다. 쉽게 비판하고 맙니다. 맥락을 이해하고 기본적인 신뢰에 바탕을 두어야 합니다. 그럴 때 우리는 복음을 향한 열정으로, 공동체로서 서로를 권고하고 격려하며 심지어 서로에게 박차를 가하는 노력을 할 수 있습니다. 복음을 위한 이런 격정과 권고를 주고받는 일이 없는 공동체는 사실 공동체라 부를 수 없습니다. 그것은 월터 윙크가 이야기하는 '유사 공동체'일 뿐입니다. 말하자면 공동체라는 맥락에서, 그리고 복음에 기초하여 사랑 안에서 진리를 이야기하는 일이 우리에게 필요합니다.

이단 사이비의 폐해를 생각해 보면, 본문에 나타나는 바울의 모습이 어느 정도 이해가 됩니다. 다른 복음은 사람들을 은혜와 평화로 이끌지 못합니다. 가족 간에, 심지어 부모조차 의심하게 만들어 불화를 당연시하게 만듭니다. 속이는 일을 전도의 전략으로 삼아 하나님의 은혜로운 부르심을 인간적 협잡과 사기로 바꿉니다. 다른 복음은 언제나 사람들을 두려움으로 몰아넣고, 두려움은 공동체를 배제와 혐오의 자리에 빠뜨립니다. 바울도 이런 폐해를 보고 있었습니다.

다른 복음은 1:7에서 표현한 대로 갈라디아 공동체를 "교란시켜서"(confusing) 그리스도의 복음을 "왜곡"(pervert)하고 있습니다. 사랑하는 이들이 있는 공동체, 복음을 직접 전하고(cf. 행 13-14장) 직접 제자 훈련까지 시킨 이들(cf. 행 16:6; 18:23)이 마치 오늘날 신천지로 인한 교회 분쟁과 같은 도전을 겪는 모습을 본다면, 누구라도 바울과 같은 심정을 품지 않겠습니까? 오히려 이런 마음을 품지 않으면 이상할 것입니다.

아픔의 현실, '다른 복음'과 이단 문제 ————

말이 나온 김에, 잠시 이단 문제를 생각해 보겠습니다. 이단은 역사

내내 교회를 힘들게 한 이슈입니다. 최근 신천지를 비롯한 이단 사이비가 정치권력의 힘을 빌려 세를 자랑하고, 여기저기서 대규모 집회를 열고 있습니다. 각종 언론을 활용해 교회를 비판하고 자신들을 선전합니다. 교단 총회장 혹은 한기총 지도자라는 이들이 이단을 판단한다거나 사면한다는 발언으로 왈가왈부 말이 많습니다. 그래서 어떤 이는 애당초 이단 논쟁을 교회 정치 문제로 폄하하기도 합니다. 어떤 이는 절대적 진리를 거부하는 포스트모던 시대에 '이단'이라는 말을 사용하는 일이 가능하기나 한지 묻기도 합니다. 이런 상황 가운데, 갈라디아서에서 '다른 복음'을 향해 격정과 분개를 드러내는 바울의 모습은 우리에게 어떤 의미를 줄까요?

저는 일단 이단이라는 말을 함부로 아무 곳에나 사용하지 말고 자제하라고 제안합니다. 다만 갈라디아서에서 보듯이, 복음과 관련해 '다른 복음'으로 표현하는 실체가 있다는 사실에 반드시 주목해야 합니다. 이 다른 복음이 핵심적이고 본질적인 은혜와 평화의 복음을 교란하고 변하게 할 수 있다는 점, 이것이 교리 이론이나 정치 문제가 아니라 실제 개인과 공동체를 아프게 하고 무너뜨린다는 점을 간과해서는 안 됩니다. 바울은 실제 생활 세계에서 이 아픔을 겪었기에, 이 문제를 대할 때 개인적이고 인격적으로(personal) 매우 구체적인 반응을 보이는 것입니다.

복음과 '다른 복음'의 문제는 남의 집 불구경하듯 바라볼 이야기가 아닙니다. 지금 여기, 내가 사랑하는 사람들이 겪는 아픔이자 현실입니다. 당하거나 마주치지 않았다고 해서 쉽게 이야기해서는 안 됩니다. 그런 점에서 갈라디아서에 담긴 격정적인 말, 매몰찬 태도에만 근거하여 바울의 인격이나 사람됨, 진정성을 의심할 수는 없습니다. 오히려 바울이 다분히 흥분한 채로 내보이는 정서적 반응은 그의 우려를 짐작하게 합니다. 바울은 갈라디아 지역에 새로 생긴 교회 공동체가 '이 악한 세대에서 건져 주신 하나님의 뜻'을 왜곡하는 이들의 말에 귀 기울이다가 자칫 진정한 자유를 주는 은혜와 평화의 복음을 놓쳐 버릴까 봐 노심초사하고 있습니다.

앞으로 살펴보겠지만, 갈라디아서의 다른 복음 이야기는 단순히 진리와 거짓을 판별하는 요즘의 교리적 이단 논의와는 결이 조금 다릅니다. 오히려 옛 시대와 새 시대가 중첩된 가운데 복음 안에서 자유롭게 새 시대를 살아갈 이방인 중심 갈라디아 교회들을 옛 시대에 주저앉히려는 움직임과 관련됩니다.

이방인 회심을 어떻게 받아들일지 논의한 사도행전 15장 예루살렘 공의회 직전(13-14장)과 직후(16장, 18장)에 갈라디아 교회의 출발과 성장이 있었습니다. 이 시기에 옛 사고방식을 버리지 못한 유대교 출신 그리스도인들이 갈라디아 교회에 영향을 끼치려 했습니다. 이들은 복음이 주는 자유 안에서 새로운 삶의 양식을 얻은 갈라디아 교회 이방인 그리스도인들을 다시금 배제와 혐오, 두려움의 정서로 몰아넣으려 했습니다. 바울의 격정과 분투는 바로 이런 배경에서 나왔습니다.

전환기를 위한 상상력: 너머의 복음, 너머의 공동체 ────────

우리가 살아가는 21세기는 어느 때보다도 옛 사고방식과 새 사고방식이 교차하는 '경계 시기'(liminality)입니다. 너머의 새로운 시기를 향한 전환기입니다. 문화적으로도 기술 문명적으로도 그렇습니다. 언제나 이런 시대의 흐름은 교회와 신학에도 영향을 주었습니다. 이를테면 종교개혁 시기가 그랬습니다.

사람들은 21세기, 이 시점에 새로운 종교개혁이 필요하다고들 이야기합니다. 사람들이 그동안 익숙해진 신학과 성경 해석과 복음 이해는 다분히 가부장적 문화로부터 영향을 받았고, 동시에 그리스·로마의 철학과 문화, 즉 그레코로만 사고의 영향 아래 있었습니다. 우리가 성경적이라 생각하던 신학과 성경 해석, 교회 모습이 우리로 하여금 진짜 성경의 복음이 주는 자유와 은혜와 평화를 누리지 못하도록 하는 방향으로 이끌어 온 것이 사실입니다.

말하자면, 신학과 성경 해석, 여기에 바탕을 둔 교회 모습이 복음의 자유보다 신학과 전통의 속박, 종교적 두려움을 조장했습니다. 은혜와 평화를 강조하기보다 교회 밖 타자를 향한 혐오와 배제를 부추겼습니다. 이것은 결국 억압과 폭력, 전쟁을 원하는 기독교의 모습으로 나타나고 맙니다. 21세기, 우리 교회가 처한 현실입니다. 브라이언 맥클라렌 같은 분들이 이제 옛 시대를 벗어나 새로운 종류의 그리스도인, 새로운 종류의 기독교가 필요하다고 주장하는 이유입니다

《새로운 그리스도인이 온다》, IVP).

물론 이런 고민은 그리 새롭지 않습니다. 초기 교회인 갈라디아 교회에 보낸 갈라디아서에 담긴 고민과 유사하기 때문입니다. 유대교적 옛 시대(세대)와 중첩되었지만 이미 그리스도 예수로 도래한 새 시대(세대)의 복음을 경험한 갈라디아 이방인 공동체 상황과 오늘날 상황은 유사하게 닮아 있습니다. 이런 점에서 갈라디아서는 지금도 유효한 메시지를 전하고 있습니다. 21세기 교차 시기, 문지방 시기를 보내는 우리는 갈라디아서에서 무엇을 배워야 할까요? 우리는 어떤 상상력으로 이 시기를 살아가야 할까요?

우선 바울이 자기가 전한 복음을 분명하게 진술하듯이, 우리도 이 복음에 확실하게 서 있어야 합니다. 바로 은혜와 평화의 복음입니다. 복음은 하나님께 영광을 돌리게 합니다. 복음은 하나님의 계획과 뜻에 있습니다. 복음은 예수 그리스도께서 우리의 죄를 대속하기 위해 몸을 바치셨다는 사실에 있습니다. 이 예수 그리스도의 복음 외에 다른 것이 필요하다고 주장한다면 다른 복음을 전하는 셈입니다. 무엇보다 복음은 우리를 이 악한 세대에서 건져 줍니다. 이 시대 너머 새로운 시대를 위한 복음입니다.

더불어, 이 변화 시기에 우리는 무엇을 향해 열정과 감정을 쏟아야 할지 생각해 봐야 합니다. '우리'로 표현되는 공동체가 복음에 합당하게 생각하고 살도록 하는 데 상상력과 열정의 초점을 맞춰야 합니다. 우리의 분노와 격정은 그렇게 하지 못하도록 만드는 모든 '다른 복음'에 저항하는 데 맞춰져야 합니다. 은혜와 평화를 희생시키면서 두려움과 배제, 혐오와 분쟁을 조장하는 모든 형태의 가르침에 저항해야 합니다. 교회 공동체가 '유사 공동체'로 남지 않으려면, 공동체 가운데 사랑 안에서 참된 말을 해야 합니다. 바울이 유대인 공동체 너머의 공동체, 갈라디아 교회에 그랬던 것처럼 말입니다.

격동의 시기, 경계 시기에 사랑 안에서 은혜와 평화의 복음을 말하며 분별하는 공동체가 우리 상상력을 지배하기를 바랍니다. 하나님의 구원 청사진인 복음에 있어서는 분명하고 단호해야 합니다. 거짓과 미움과 혐오와 배제를 경계하는 용기와 지혜가 필요한 시기입니다. 너머의 복음, 너머의 공동체(교회)가 전환기를 위한 새로운 상상력의 기초입니다.

2

이야기
경계를 넘어서는
하나님의 이야기
(Missional Life Story)

갈 1:13-2:14

우리는 신박한 이야기에 목말라하며 OTT와 SNS를 이용하는 현대인들에게 어떤 이야기를 건넬 수 있을까요?

2:8 그들은, 베드로에게는 할례 받은 사람에게 복음을 전하게 하시려고 사도직을 주신 분이, 나에게는 할례 받지 않은 사람에게 복음을 전하게 하시려고 사도직을 주셨다는 사실을 깨달았습니다.

'논쟁자 바울'이라는 혐의 ────────

여러분은 바울을 생각하면 어떤 이미지가 떠오르십니까? 바울을 존경하고 닮고 싶어서 이름을 바울로 짓는 분도 계십니다만, 바울을 오해하시는 분도 계십니다. 한 세기 전 신학자 중에는 바울이 주장한 기독교가 예수의 하나님 나라 복음을 왜곡했다고 주장하는 사람이 제법 많았습니다. 예수의 복음은 전혀 편협하지 않아서 급진적으로 삶을 바꿔 내지만, 바울의 주장은 그렇지 않아서 기독교를 교리 중심적으로 만들었다는 말입니다. 결국 바울을 편협하고 제도적인 기독교를 만든 원흉이라고까지 표현하기도 합니다. 또 어떤 분들은 바울이 자기가 속한 공동체 경험을 그대로 반영하는 사람이었다고 봅니다. 즉 초대교회 당시 베드로를 추종하는 베드로파와 바울을 추종하는 바울파 사이에 첨예한 긴장 관계가 존재했는데, 결국 바울파가 정치적으로 득세하게 되었다는 주장입니다. 이들은 바울이 논쟁을 즐

기고 자기과시가 강한 사람이라서, 베드로를 위험스러운 경쟁자로 여겨 깎아내릴 기회를 찾고 있었는데 베드로를 비판할 기회가 오자 (2:11) 사정없이 물어뜯었다고 해석합니다. 바울이 그런 인격의 소유자였다는 말입니다. 심지어 정치적이고 논쟁적이며 교리적이고 가부장적인 인격을 가진 바울이 쓴 서신은 아예 읽을 가치도 없다고 말하는 사람도 있습니다. 진짜 복음, 원복음이라고 할 수 있는 마태복음·누가복음·마가복음 같은 공관복음만 읽어야 한다는 주장으로까지 나아가기도 합니다. 여러분은 어떻게 생각하십니까?

이런 오해는 바울의 대표 서신인 로마서처럼 매우 건조하고 교리적인 듯한 글들 때문이기도 하고, 갈라디아서처럼 논쟁적이고 복잡하다고 생각하는 글들을 겉만 보고 인상 비평하기 때문이기도 합니다. 다른 서신서를 꼼꼼히 들여다보면 앞선 오해들, 가장 큰 이슈인 예수님의 복음을 바울이 왜곡했다는 주장이 매우 불공정한 읽기라는 사실을 알 수 있습니다. 서신서들을 공정하게 읽으면 오히려 다른 결론에 도달합니다. 바울은 서신서들에서 예수의 복음에 항상 의존했으며, 예수의 가르침과 복음에 근거하여 주장을 전개했습니다. 바울이 정치적이고 논쟁을 좋아하며 다른 이들을 포용하지 못하는, 피도 눈물도 없는 사람이라는 견해도 다시 생각하게 될 것입니다. 무엇보다도 바울이 어떤 상황, 어떤 맥락에서 자신의 주장을 펼치는지를 이해하면 그를 전혀 다르게 평가하게 되리라고 생각합니다.

이야기의 중요성과 이야기꾼 바울

문학 장르, 혹은 문학적 스타일(문체)로 보면, 갈라디아서 1:13-2:14
을 무엇이라고 할 수 있을까요? 갈라디아서는 전체적으로 서간문 장
르입니다만, 바울은 이 편지글에서 부분부분 필요에 따라 다양한 문
학적 스타일을 사용하고 있습니다. 대개 편지글은 주장을 전개하는
강화체라고 할 수 있습니다. 그런데 지금 우리가 함께 보는 부분은
독특하게 강화체 안에 설화체가 나옵니다. 바울이 설화, 내러티브, 이
야기체를 편지글 안에 넣은 이유가 무엇일까요? 더 자세히 말하면,
바울은 여기서 일종의 자술서를 쓰고 있습니다. 갈라디아 지방 이방
인 출신 그리스도인들에게 자기 생각과 입장을 무조건 밀어붙인다거
나 주장을 교리적으로 강요하는 것이 아니라, 이 짧은 자서전, 자술
서를 통해 자신이 왜 이러는지 차근차근 설명하려 한다는 느낌입니
다. "내가 전한 복음은 사람에게서 비롯된 것이 아닙니다. 그 복음은,
내가 사람에게서 받은 것도 아니요, 배운 것도 아니요, 예수 그리스
도의 나타나심(계시)으로 받은 것입니다"(1:11-12)라는 자신의 주장을
이야기로 자세히 풀어 상황과 맥락을 이해시키려 합니다.

　이야기는 단순한 주장보다 힘이 셉니다. 어려운 논리나 철학도, 배
경과 맥락을 알 수 있는 이야기 형태로 주어지면 이해하기 쉽습니다.
개념은 상상력을 제한하지만 이야기는 상상력을 확장하게 합니다.
그래서 성경 역시 상당 부분 이야기체로 기록되어 있습니다. 그뿐 아

니라, 하나님은 이야기체가 아닌 부분마저도 성경 전체를 관통하는 이야기, 거대한 메타 내러티브 안에서 역할을 하도록 배치하셨다고 보는 것이 옳습니다.

마이클 고힌은 크레이그 바르톨로뮤와 함께 쓴《세계관은 이야기다》(IVP)에서 이렇게 말합니다. 사람들은 대개 세계관이 철학이나 주지주의적인 이론으로 표현되는 것처럼 생각한다고 지적하면서 덧붙이는 말입니다. "우리는 세계관이 내러티브 형식을 가진 이야기로 표현되어야 한다고 믿는다. 성경 자체가 그런 형태로 되어 있기 때문이다."(32쪽) 같은 취지에서, 마이클 고힌과 크레이그 바르톨로뮤는 《성경은 드라마다》(IVP)를 통해 성경과 이야기에 대해 이렇게 주장합니다.

> 때때로 그리스도인들은 성경을 웨스트민스터 신앙고백이나 벨직 신앙고백처럼 체계적인 명제들의 목록인 것처럼 다룬다. … 성경은 우리 세상을 이해하고 그 안에서 하나님의 백성으로 사는 데 필요한 기본 이야기를 제공해 준다. 하나님이 의도적으로 성경을 이야기 형태로 주셨다면, 성경을 이야기로 대하고 그것을 적극적으로 우리의 이야기로 활용할 때에만, 우리 삶 속에서 성경의 권위와 조명의 영향력을 온전히 경험할 수 있을 것이다. (29-30쪽)

마이클 고힌이 쓴《열방에 빛을》(복있는사람) 부제 역시 '온 세상을 향한 하나님의 선교 이야기'입니다. 이렇듯 이야기가 성경과 세계관과 세상 속 하나님의 선교, 즉 미션얼에 핵심적이라는 사실은 유명 신학자 톰 라이트도 자주 언급하는 내용입니다. 톰 라이트는 이야기란 단순히 "세상을 있는 그대로 말하는 최선의 방법"이고, "기독교의 목적은 세상 전체에 대한 한 이야기를 제공하는 것"이라면서, "그것은 공적인 진리다"라고 말합니다(《신약성서와 하나님의 백성》, 크리스찬다이제스트, 41-42쪽).

위 언급들을 종합해 보면, 한 개인의 이야기는 그 배경과 삶에 대해 많은 부분을 설명해 줍니다. 이런 개인적 경험, 개인적인 이야기들은 우리가 이 세상에서 진정한 이야기로 믿는 특정한 서사의 맥락이나 틀에서 볼 때만 의미를 찾을 수 있습니다. 다시 말해, 세상 전체를 이해하는 틀이라고 할 수 있는 이야기, 거대 서사, 메타 내러티브 안에서만 이해되고 의미를 찾을 수 있다는 말입니다. 그냥 개인의 신변잡기 같은 이야기만 한다고 해서 어떤 사안이 설명·이해되거나, 상상력의 확장 혹은 변화의 계기가 생기지는 않습니다. 개인 이야기가 거대 서사와 어떻게 만나고 교차하는지를 중요하게 봐야 합니다. 결국 자술서 혹은 자서전 형태로 구술되는 바울 개인 이야기도 세상 전체에 대한 성경의 이야기, 하나님의 구원 계획 혹은 하나님의 선교라는 거대 이야기와 어떻게 만나고 교차하는지가 관건입니다.

바울의 자전적 이야기

본문에서 바울은 먼저 자신의 회심 직전 상태(1:13-14)와 회심 직후 상황(1:15-17)을 이야기합니다. 그 후 여전히 유대교와 유대인 영향 아래 있는 예루살렘 및 예루살렘 교회에 두 번 방문한 일, 그리고 "유명한 사람들"로 표현되는 사도들(2:2, 2:6) 특히 야고보와 (게바라고 불리는) 베드로 등과의 관계(전도팀 주요 인물 바나바 포함) 가운데 일어난 에피소드를 시간 흐름에 따라 진술하고 있습니다.

이 부분을 이해하려면 동시에 사도행전 9:1-31(cf. 갈 1:13-24 다마스쿠스 길 위 회심 사건부터 첫 번째 예루살렘 방문), 사도행전 11:19-30과 12:25(cf. 갈 2:1-10 아가보 예언 이후 안디옥 교회 사신으로 예루살렘을 방문했다가 마가 요한과 안디옥으로 돌아온 일), 13-14장에 걸친 바나바와의 1차 전도 여행(루스드라, 더베, 비시디아 안디옥 등 갈라디아의 교회들을 세우는 여행), 사도행전 15장에 기록된 예루살렘 회의(cf. 갈 2:1-10에 나오는 할례를 강요하는 이들 때문에 열린 회의) 그리고 사도행전 15:36-15:41, 이어서 바나바와 안디옥에서 결별하는 사건 등의 일부 배경이 되었을 이야기(cf. 갈 2:11-14)를 찬찬히 비교할 필요가 있습니다.

'유대교 박스(box)' 바깥으로

실제로 바울이 변화한 이야기는 당시 유대교에서 믿기지 않을 소식이었습니다. 사도행전 9:22을 보면, 변화된 바울이 예수를 하나님의 아들이자 그리스도(메시아)라고 선포하자 당황한 유대인들이 바울을 죽이려 합니다. 열성적인 유대교인 바울이 스스로 혹은 누군가의 가르침 때문에 이렇게 변화한 것은 상상할 수 없는 일이었습니다. 오직 은혜로, 하나님께서 예수님을 바울에게 나타내 보이셨기에 가능했던 일입니다. 바울은 예수가 신성모독으로 저주받아 나무 십자가에 못 박혀 죽은 무지렁이가 아니라, 인간의 죄를 대속하기 위해 자기 몸을 바쳐 스스로 저주받은 그리스도, 메시아라는 사실을 알게 된 것입니다. 이전에는 유대교 박스 안에서 판단하여 열성적으로 제자들을 박해한 바울이 예수와의 만남, 즉 하나님이 은혜로 계시해 주셔서 부활하신 예수가 다마스쿠스 길 위에 나타나신 사건을 통해 유대교 박스 바깥으로(outside the box) 나가서 생각하기 시작했습니다. 완고한 상태로 유대인과 유대교 박스 안에서만 머물러 있었다가 하나님의 은혜로 눈이 열린 바울은 박스 바깥을 보기 시작했습니다. 이방인이 보이게 된 것입니다. 본문 1:16에서 바울은 이렇게 말합니다. "그 아들을 이방 사람에게 전하게 하시려고", 즉 하나님이 유대교를 넘어 세상 속에서 일하고 계신다는 사실을 보게 된 것입니다.

이방인에게 보냄 받았다는 의식 – 미션얼 소명 1

사도행전 9:15을 보면, 주님께서 아나니아에게 말씀하시는 장면이 나옵니다. "가거라, 그(바울)는 내 이름을 이방 사람들과 임금들과 이스라엘 자손들 앞에 가지고 갈, 내가 택한 내 그릇이다." 앞을 보지 못한 채 금식 중인 바울을 찾으라 하신 뒤에 나오는 말씀입니다. 이 이야기는 바울이 처음 다마스쿠스에서 변화되는 시기에 하나님께 직접 사명을 받은 사건으로 묘사됩니다. 바울은 훗날 예루살렘에서 잡혀 로마로 가기 전 아그립바 왕 앞에서 자신을 해명하며 회심 이야기를 꺼냅니다. 사도행전 26:15-18을 봅시다.

> 그래서 내가 '주님, 누구십니까?' 하고 물었더니, 주님께서 '나는 네가 핍박하는 예수이다. 자, 일어나서, 발을 딛고 서라. 내가 네게 나타난 목적은, 너를 일꾼으로 삼아서, 네가 나를 본 것과 내가 장차 네게 보여 줄 일의 증인이 되게 하려는 것이다. 나는 이 백성과 이방 사람들 가운데서 너를 건져내어, 이방 사람들에게로 보낸다. 이것은 그들의 눈을 열어 주어서, 그들이 어둠에서 빛으로 돌아서고, 사탄의 세력에서 하나님께로 돌아오게 하며, 또 그들이 죄 사함을 받아서 나에 대한 믿음으로 거룩하게 된 사람들 가운데 들게 하려는 것이다' 하고 말씀하셨습니다.

이방 사람에게로 보냄을 받았다는 자각, 깨우침은 바울을 통째로 바꾸었습니다. 이 깨우침은 한 번에 끝나지 않았습니다.

미션얼 소명 2 ────

갈라디아서 1:17 하반절을 보면, 이후 바울은 예루살렘이 아닌 아라비아로 가서, 이 박스 바깥의 사고(thinking outside the box)를 더 정리한 것으로 보입니다. 혹자는 이 기간을 3년으로 보고, 혹자는 3년이 아니라고 봅니다. 아마도 바울은 적어도 일정 기간 홀로 시간을 보내며 자신의 신학과 신앙을 재구성한 것 같습니다.

미션얼 소명 3 ────

그리고 바울은 3년 후 약 15일 동안 예루살렘에 방문합니다. 갈라디아서 1:18-19을 보면, 바울은 게바(베드로)와 야고보를 만났지만, 사도들에게 인정받기 위한 목적의 만남이 아니었다고 강변합니다. 이 만남은 사도행전 9:26 이하에도 기록되었는데, 바나바가 바울을 예루살렘 공동체와 연결하려 했으나 유대 사람들이 바울을 두려워했다고 나옵니다. 사도행전 22:21을 보면, 이 시기에 대한 바울의 기억

이 따로 있습니다. 예루살렘에서 체포되어 천부장 병영 안으로 끌려가던 바울이, 천부장에게 허락받아 동포인 유대인들에게 자신을 해명하는 장면입니다. 여기서 바울은 회심 사건 이후 처음 예루살렘을 방문했을 때 황홀경 가운데 들었던 소명을 이야기합니다. 사도행전 22:17-21입니다.

> 그 뒤에 내가 예루살렘으로 돌아와서, 성전에서 기도하는 가운데 황홀경에 빠져 주님이 내게 말씀하시는 것을 보았습니다. 그는 말씀하시기를 '서둘러서 예루살렘을 떠나라. 예루살렘 사람들이 나에 관한 네 증언을 받아들이지 않을 것이기 때문이다' 하셨습니다. 그래서 내가 말하였습니다. '주님, 내가 주님을 믿는 사람들을 가는 곳마다 회당에서 잡아 가두고 때리고 하던 사실을 사람들이 잘 알고 있습니다. 그리고 주님의 증언자인 스데반이 피를 흘리고 죽임을 당할 때에, 나도 곁에 서서, 그 일에 찬동하면서, 그를 죽이는 사람들의 옷을 지키고 있었습니다.' 그 때에 주님께서 말씀하시기를 '가라. 내가 너를 멀리 이방 사람들에게로 보내겠다.' 하셨습니다.

이렇게 바울은 회심 순간뿐 아니라, 3년 뒤 예루살렘을 잠깐 방문했을 때도 세상 속에서 일하시는 하나님의 음성을 듣고 확신을 강화했습니다. 자신이 이방 사람들에게로 보냄을 받았다는 사실을 확인한 것입니다.

본문 2:1-10을 보면, 바울은 (아마도 회심 후) 14년이 지나서 예루살렘으로 올라갔다고 말합니다. 이 방문을 사도행전 15장 예루살렘 회의 때로 보는 사람도 있지만, "내가 거기에 올라간 것은 계시에 따른 것이었습니다"라는 2:2의 증언과 가난한 사람을 기억해 달라는 2:10의 부탁을 볼 때, 다른 시기로 보입니다. 사도행전 11:28-30에는 아가보라는 예언자에게 기근에 대한 예언을 들은 안디옥 교회가 유대에 사는 신도들을 구제하기로 해서 바나바와 함께 바울을 예루살렘으로 보내는 장면이 나오는데, 이때로 보면 좋을 것입니다. 여기에는 두 가지 주목할 사실이 있습니다.

 첫째, 바울은 이 기회를 "이방 사람들에게 전하는 복음을 그들에게 설명하고, 유명한 사람들에게는 따로 설명"하는 계기로 삼으려 했습니다(2:2). 둘째, 그리스 사람 디도가 할례를 강요받지 않게 해서 박스 안에 갇히지 않도록 했습니다. 옛 시대의 주인 노릇에 노예화되지 않도록 한 것입니다. 즉, 그리스도 예수 안에서 누리는 자유를 빼앗기지 않고 "복음의 진리가 언제나" 이방인과 함께 있게 하려 했습니다(2:5). 결국 베드로와 요한, 예수님의 형제 야고보도 하나님께서 바울에게 "할례받지 않은 사람에게 복음을 전하게 하시려고 **사도직**을 주셨다는 사실을 깨달았습니다."(2:8) 여기서 '사도직'(apostleship)은 '보내다' 혹은 '보냄 받다'에서 나온 단어(라틴어로 *mitto*, 명사형 *missio*)입니다. 이렇듯 바울은 예루살렘 교회 지도자 공동체로부터 추인되는 과정을 통해 회심 때의 사명, 그리고 예루살렘에서 황홀경 가운데 받은 사명을 재확인합니다.

미션얼 소명 5

그럼에도 사도 바울과 선교팀은 처음에 현실적인 이유에서 지리상 이방 선교를 진행하면서도 유대인이 모이던 회당을 중심으로 사역을 이어 갔습니다. 이 1차 선교 여행 시기에, 비시디아 안디옥과 이고니온에서 쫓겨나는 사건을 겪습니다. 그런데 바로 갈라디아 지역 선교에서 사도 바울이 다시 확인한 것이 하나님께서 이미 유대교 박스, 그 경계를 넘어 세상 가운데 일하고 계시다는 사실이었습니다. 그러므로 이 세상 속 하나님의 일하심을 발견하여 경축하고 동참하는 일이 자기 사명이라고 확증할 수 있었습니다. 유대인들에게 반박과 박해를 받으면서도 바울과 바나바가 사명을 담대하게 밝힌 내용이 사도행전 13:46-48에 기록되어 있습니다.

> 그러나 바울과 바나바는 담대하게 말하였다. "우리는 하나님의 말씀을 당신들에게 먼저 전해야 하였습니다. 그러나 지금 당신들이 그것을 배척하고, 영원한 생명을 얻기에 합당하지 못한 사람으로

스스로 판정하므로, **우리는 이제 이방 사람들에게로 갑니다.** 주님께서 우리에게 명하시기를 '내가 너를 뭇 민족의 빛으로 삼았으니, 그것은 네가 땅 끝까지 구원을 이루게 하려는 것이다' 하셨습니다." 이방 사람들은 이 말을 듣고 기뻐하며 주님의 말씀을 찬양하였고, 영원한 생명을 얻도록 정하신 사람은 모두 믿게 되었다.

강조한 부분을 보십시오. "우리는 이제 이방 사람들에게로 갑니다." 바울과 바나바 선교팀은 1차 선교 여행을 통해 세상 가운데 일하시는 하나님을 경험하면서 분명한 사명 의식을 갖습니다. 우리는 이제 세상으로, 이방 사람들에게로 간다고 말합니다. 바울이 회심했을 때 들었던 사명, 3년 뒤 예루살렘에 잠깐 머물 때 들은 그 사명입니다. 얼마 전 바나바와 함께 예루살렘에 방문했을 때 공동체의 추인으로 이방을 향한 사도직을 받은 사실을 다시금 선교 사역 현장에서 확인한 셈입니다.

아마 바울이 안디옥에서 게바를 공개적으로 책망한 일(갈 2:11-14)은 사도행전 15장의 예루살렘 공의회가 소집되기 직전에 일어난 사건으로 추측됩니다. 사도행전 14:28을 보면, 키프로스와 갈라디아로 선교 여행을 다녀온 바울과 바나바는 수리아 안디옥 교회로 돌아와 제자들과 함께 오랫동안 지냈다고 했습니다. 이 시기 언제쯤 일어난 일로 보입니다.

공동체를 해치는 박스로 돌아가려는 유혹

하나님께서 세상 가운데 일하시는 맥락에서 볼 때, 안디옥 교회는 이 방인 출신 그리스도인과 유대교 출신 그리스도인이 하나가 된 역사 적 교회였습니다. 할례와 같은 유대인 중심의 경계 짓기(박스)는 이미 허물어졌고, 그리스도 예수 안에서 누리는 자유로 하나가 된 공동체 였습니다. 공동체의 하나 됨은 무엇보다 함께 나누는 식사, 즉 애찬 이나 성찬에서 드러났습니다. 그런데 이 자리에 그 유명한 베드로가 와서 이방인 출신 그리스도인들과 함께하며 이런 자유를 누리던 중 에 사건이 일어났습니다. 갑자기 야고보가 보낸 몇몇 유대인이 오자, 베드로가 이들을 두려워하여 애찬 공동체 자리에서 물러난 것입니다 (2:12). 사도행전 15:24을 보면, 이들이 야고보가 시키지 않은 무슨 말 을 했던 것 같습니다. 베드로가 보인 이런 행동이 바나바와 다른 유 대인 그리스도인에게 영향을 끼쳤습니다. 잠시 하나였던 공동체가 둘로 나뉘어졌습니다. 다시 유대인과 이방인 사이에 경계가 생겼습 니다. 바울이 이 일을 두고 공개적으로 베드로를 나무라는 모습(2:14) 이 누군가에게는 지나쳐 보일지도 모릅니다. 그렇지만 이 일 이후에 사도행전 15장의 예루살렘 회의가 열려 베드로가 발언한 내용을 고 려하면, 충정을 담은 바울의 공개 비판은 합당한 행동이었습니다. 베 드로에게도 좋은 영향을 미쳤습니다.

바울의 1차 선교팀은 갈라디아 지역, 즉 비시디아 안디옥, 루스드라, 더베 등에서 유대교 전통의 경계를 넘어 일하시는 하나님을 경험했습니다. 그런 하나님의 일하심은 놀라웠습니다. 그리고 바울이 안디옥에서 게바를 나무란 사건 이후 사도행전 15장 예루살렘 회의에서 초대교회도 하나님의 일하심을 확인했습니다. 바로, 그리스도인 개인과 교회 인식의 한계, 전통과 문화의 경계 너머에서 하나님이 이미 먼저 일하고 계신다는 사실이었습니다. 이런 하나님의 일하심을 목도하고 경축하고 동참할 수밖에 없다고 공동체적으로 인정하게 된 것입니다. 따라서 다시 옛날의 유대교 박스 안으로 들어가는 일은 상상도 할 수 없었습니다. 그런데도 베드로와 같은 유명인이 안디옥에서 잠깐 실수할 만큼, 과거로 회귀하려는 유혹에 빠지기가 쉬웠습니다. 복음의 핵심을 싸고 있는 껍데기와 같은 경계 안으로, 박스 안으로 되돌아가려는 유혹은 당시에 엄청난 것이었습니다.

바울의 진심: 경계를 넘으시는 하나님의 선교 ───

바울은 자기 삶의 이야기, 자서전적 진술을 통해 갈라디아 교회가 굳게 서기를 바랍니다. 바울은 이제 완전히 새로운 시대가 열렸으니, 새로운 상상력으로 하나님의 일하심을 봐야 한다고 단호하게 말할 수 있었습니다. 바울 스스로가 삶의 여러 여정 가운데 너무나도 확고하게 그 사실을 확인했기 때문입니다. 바울은 그리스도 예수 안에서 누리는 자유를 훼손하고, 두려움을 의식하도록 하여 혐오와 배제의 정신으로 그리스도인의 공동체를 분열하고자 한 위선을 가만히 두고 볼 수 없었습니다. 거짓 형제들과 이에 혹한 형제들의 위선은 평화와 은혜의 복음, 그 진리를 훼손하는 것이었습니다.

거듭 말하지만, 교회를 핍박하던 사울이었던 바울이 이방인에게 교회의 복음을 전하는 자로 변화한 것은 상상도 할 수 없던 일입니다. 바울이 자전적 서술을 통해 이야기 초반에 말하려고 한 사실이 이것입니다. 하나님의 은혜는 상상을 뛰어넘는 방식으로 바울을 변화시켰습니다. 하나님은 어느 시대나 우리의 상상력을 넘어 일하십니다. 이것이 복음이 경계를 넘어서 확장되는 방식입니다. 이 방식이야말로 하나님의 선교, 미션얼의 길입니다. 하나님은 우리가 파던 우물을 더 깊이 파도록 하지 않으십니다. 눈을 들어 다른 우물을 팔 곳을 보게 하시는 분이십니다.

그런데 종종 우리 하나님의 백성들은 자기 사고의 한계 안에 하나님을 가두려 합니다. 경계를 넘는 하나님의 일하심을 보지 못합니다. 사도 바울이 흥분하여 다소 거칠고 강한 어조로 이야기를 이어 나가는 것도 비슷한 이유입니다. 이방인 선교로 넓어진 복음의 기회를 다시금 유대교적 종교 제도와 윤리에 가두어 버리려는 행태가 너무나도 안타까웠던 것입니다. 하나님은 하나님의 백성들을 온 세상, 온 땅을 축복하기 위한 매개로 삼으셨습니다. 안타깝게도 하나님의 백성들 대부분이 자기 자신을 매개가 아닌 하나님 선교의 목적으로 착각하며 삽니다(이 부분은 5장에서 자세히 다루겠습니다). 자신들에게 익숙하고 편리한 것을 사람들에게 강요하고, 이를 받아들이지 않으면 무시하고 배제하는 방식으로 살아갑니다.

이를테면, 할례는 분명 아브라함 언약에서 중요하지만, 이방인에게 선교하고 세상에 복을 주시려는 하나님의 의도를 성취하기 위한 도구일 뿐이었습니다. 그런데도 유대인은 자신들 삶에 너무도 밀착되어 거리낌이 없는 문화양식인 할례를 하나님의 백성이 되었다는 표지로 삼아 이방인에게까지 밀어붙인 것입니다. 이런 식으로, 유대인 그리스도인들은 자유롭게 하는 그리스도 복음의 정신과는 다른, 혐오와 배제의 정신을 새 시대의 공동체인 교회에 심으려 하고 있었습니다. 하나님은 이런 프레임, 경계 짓기, 박스 만들기를 거부하십니다. 하나님은 그 너머에서 일하시는 분이십니다.

교회 경계 너머의 교회

오늘 우리 시대 교회도 세상 가운데서 하나님의 선교, 하나님의 일하심을 봐야 합니다. 다들 교인 숫자가 줄어든다고, 교회의 활력이 떨어진다고 걱정이 많습니다. 교회의 위기라고 합니다. 이런저런 모양으로 문제를 고쳐 보려고 애를 씁니다. 예배를 바꾸면, 새로운 시스템을 도입하면, 새로운 프로그램을 마련하면, 심지어 교회 규모를 작게 하면, 교회가 건강해진다고 생각하기도 합니다. 교회가 공동체다운 모습으로 바뀌면 해결되겠거니 생각합니다. 가족과 같은 공동체를 이루면 문제들이 해소되리라고 생각합니다. 이 모든 것은 박스 내부의 상상입니다. 박스 너머 일하시는 하나님을 봐야 합니다. 하나님의 일하심을 경험하면 우리는 놀라게 됩니다.

하나님은 이미 세상 가운데 우리와 상관없이 성령 안에서 선교하고 계십니다. 우리가 '저 사람은 이래서 안 돼' '이 사람은 저래서 안 돼' 규정짓는 동안, 하나님은 그들의 삶 가운데 지금 일하십니다. 교회의 위기는 하나님의 기회입니다. 우리가 상상할 수 없는 방식으로 새로운 시기가 오고 있습니다. 새로운 교회, 새로운 그리스도인이 오고 있습니다.

알렌 락스버러는 《교회 너머의 교회》(IVP)에서 갈라디아서 2장을 언급합니다. 다소 길지만, 옮겨 보겠습니다.

> 사람들이 자기 교회를 어떻게 묘사하는지 자세히 들어보라. '가족', '공동체', '보살핌', '사랑'과 같은 단어가 들릴 것이다. 이런 단어는 교회의 본성과 목적에 대한 우리의 신학이나 신앙 고백에 나오는 일차 언어가 아니다. 예를 들어, 우리는 교회가 세상을 위해서 부름받고, 하나님의 선교의 일꾼들로서 세상에 보냄을 받았다고 말할 것이다. 혹은 교회는 그 자체가 아니라 나그네 곧 타자를 위해서 산다고 선언할 것이다. 신앙의 진술들(이른바 '관념적 가치')과 사람들이

자기들의 경험을 표현하기 위해 사용하는 실제 언어 사이에는 큰 간격이 있다. 그들은 자신들이 가족처럼 서로 지지하고 보살피고 지켜 주기 위해서 함께 모인다고 이해하며 또 그렇게 경험한다.

'가족'은 강력한 이미지다. 이런 경우에서, 가족은 많은 것들을 공유한 사람들이 밀접하게 연결된 집단을 시사하는 심원한 기본 복원 모드에 해당한다. 가족은 시간을 함께 보낸다. 가족은 지금은 당연시 하는 공동의 습관과 관행과 가치들을 내면화시켰다. 가족은 혈연관계다. 이 렌즈를 통해서 볼 때, 교회는 본질적으로 공통의 종족적 사회적 계층적 일체성과 경험에 뿌리박은 공통의 습관들에 의해 형성된 친밀한 집단이다. 이와 같은 공동체들은 안정성, 예측 가능성, 자기 가족에 대한 보살핌 면에서 많은 것을 제공해 준다. 가족 같은 공동체는 한 세대에서 다음 세대로 생명력 있는 전통을 효과적으로 전수한다. 그러나 만일 예수님의 길을 따라 빈손으로 동네로 들어가는 사람들이 되는 것이 목표라면 이 기본 복원 모드는 커다란 장애물이다.

사실대로 말하자면, 우리 대부분은 자기들끼리 끈끈히 연결된 친목 집단에 들어가는 데 관심이 없다. 아마도 바로 그런 이유 때문에 바울은 그리스도 안에서 '이방인'에게는 더 이상 '유대인' 될 것이 요구되지 않는다는 사실을 신생 교회에게 인정하라고 계속 권면했을 것이다(갈 2:14). 사도행전 10장에 나오는 고넬료 이야기도 동일한 점을 지적한다. 예수 그리스도의 복음은 내가 다른 누군가의 친목 집단이나 종족 집단에 가입할 것을 요구하지 않는다. 복음은 그러한 집단들을 넘어 우리를 연결시키며 그리스도 안에서 하나 되게 만든다. (187-188쪽)

자유의 복음을 들고 세상으로

교회 공동체가 편안하신가요? 교회 문화로부터 안정감을 얻고 있나요? 우리는 콘스탄티누스주의 모델의 교회, 모더니즘 영향을 받은 교회 가운데서 우리가 편안하게 생각하는 성경 공부, 예배 모임, 예전 순서, 교리 공부 등의 실천에 머물러 있는지도 모릅니다. 이 실천들이 경계를 넘어 박스 바깥에서 펼쳐지는 하나님의 일하심을 보지 못하도록 막을 수 있습니다. 이미 하나님은 우리의 생활세계 곳곳에서 일하고 계십니다. 하나님은 세상 가운데 일하고 계십니다. 하나님은 우리 교회를 넘어 일하고 계십니다. 우리는 그리스도 예수 안에서 누리는 자유의 복음을 들고 세상으로 나가야 합니다. 아니, 이미 우리가 사는 세상 속 생활세계 가운데서 촉각을 곤두세우고, 하나님께서 지금 어떻게 일하시는지를 면밀하게 지켜봐야 합니다. 듣는 귀가 필요합니다. 세상 사람들 소리를 들어야 합니다. 하나님의 말씀 소리를 들어야 합니다. 예루살렘 공의회가 그랬듯이, 공동체적으로 그 소리들을 분별해야 합니다.

갈라디아서는 포스트크리스텐덤, 포스트모던 세계를 살아가는 우리에게 어떤 통찰과 상상력을 주고 있습니까? 우리는 바울처럼 이방인에게, 교회라는 경계를 넘어서 박스 바깥을 향해 보냄을 받았습니다. 오늘 우리에게는 이런 자각이 필요합니다. 하나님의 후회 없는 부르심은 편안한 공동체 안이 아닙니다. 하나님은 끊임없이 우리를 세상으로, 하나님의 선교로 부르십니다. 이 부르심에 응답해야 합니다. 우리 이야기가 하나님의 구원, 세상을 복 주시려는 하나님의 선교라는 거대한 이야기와 교차해야 합니다. 과연 우리의 자서전, 우리 이야기는 훗날 어떻게 쓰이게 될까요?

3

칭의
구원론을 넘어
교회론·선교론으로

갈 2:15-21

'이신칭의'(以信稱義)는 공동체 구성원 간의 관계, 교회 경계 바깥에 있는 사람들과의 관계에 어떤 상상력을 줄 수 있을까요?

2:16 그러나 사람이, 율법을 행하는 행위로 의롭게 되는 것이 아니라, 예수 그리스도를 믿는 믿음으로 의롭게 되는 것임을 알고, 우리도 그리스도 예수를 믿은 것입니다. 그것은, 우리가 율법을 행하는 행위로가 아니라, 그리스도를 믿는 믿음으로 의롭다고 하심을 받고자 했던 것입니다. 율법을 행하는 행위로는, 아무도 의롭게 될 수 없기 때문입니다.

이신칭의에 대한 전통적 이해 ──────────

전통적으로 개신교회 주요 교리인 '칭의'의 근거로 삼는 신약성경 말씀 중 최초로 기록된 구절은 갈라디아서 2:16로 봅니다. 종교개혁자 마르틴 루터는 로마서를 읽고 공부하던 중 "오직 의인은 믿음으로 말미암아 살리라"(롬 1:17)라는 말씀을 통해 이신칭의 교리를 발견했습니다. 성경 기록 순서로 보면, 바울은 로마서에서 이 구절을 이야기하기 전에 갈라디아서를 통해 사람이 "의롭게 되는 것"(2:16)을 먼저 이야기했습니다. 그래서 루터는 이 갈라디아서 본문을 "기독교 교리에서 가장 주요하고 특별한 조항"이라고 말했습니다.

이 짧은 본문에만 '의롭게 된다'라는 말씀이 총 다섯 번이나 반복되고 있습니다. 2:16에 세 번, 2:17에 한 번, 2:21에 한 번 더 언급되고 있습니다. 그렇기에 존 스토트를 포함해 많은 사람이 갈라디아서에서 이 부분을 서신서 전체 메시지의 중심이자, 바울이 전한 복음의 중심이며, 실은 기독교의 중심이라고까지 표현할 정도로 매우 중요한 단락으로 여깁니다.

아우구스티누스와 그를 잇는 마르틴 루터 같은 사람이 던진 '어떻게 죄인인 한 인간이 구원을 얻을 수 있겠는가' '나의 죄 문제는 어떻게 해결될 수 있는가' 하는 질문을 해결해 주는 것이 바로 전통적 의미의 칭의 교리입니다. 일반적으로 아우구스티누스와 루터 이후 이 본문을 대하는 많은 사람이 '의롭게 되는 것'을 개인적이고 도덕적인 의미로 해석합니다.

우리는 모두 의로우신 재판관이자 왕이신 하나님 앞에서 개인적·도덕적으로 죄인입니다. 하나님의 의로운 심판 아래 놓여 판결을 기다리고 있습니다. 정죄 판결을 받은 상태로 죄 가운데 있는 인간이 이 문제를 해결할 길은 예수 그리스도의 십자가를 통해 열린 복음입니다. 2:16 마지막 부분은 시편 143:2을 인용한 것인데, 율법 행위로 따져서는 도덕적으로 의롭다고 인정받을 사람이 없습니다. 모든 사람이 정죄받는 상태에 있습니다. 그런데 예수 그리스도를 믿음으로, 율법의 의를 개인적·도덕적으로 완벽하게 이루신 예수 그리스도의 의로우심을 믿음으로 그 의를 전달받을 수 있습니다. 신학적 표현을 쓰면, 의의 전가를 통해 우리가 의롭게 된다는 말입니다.

법정적이고 개인·윤리적인 차원에서 볼 때, 혹은 한 개인이 어떻게 구원받을 수 있느냐는 견지에서 볼 때, 이번 본문 내용 중 가장 많이 암송되었을 갈라디아서 2:20은 그야말로 극적인 감동을 줍니다.

"나는 그리스도와 함께 십자가에 못박혔습니다. 이제 살고 있는 것은 내가 아닙니다. 그리스도께서 내 안에서 살고 계십니다. 내가 지금 육신 안에서 살고 있는 삶은, 나를 사랑하셔서 나를 위하여 자기 몸을 내어주신 하나님의 아들을 믿는 믿음 안에서 살아가는 것입니다." 그리스도인의 세례 경험이 시사하듯, 이 구절은 그리스도와 함께 죽고 함께 사는 존재로서 하나님의 아들을 믿는 믿음 안에서 살아가야겠다고 결심하게 하는 말씀입니다.

갈라디아서 맥락에서 본 이신칭의

사실 본문을 이렇게 이해해도 개인적으로 유익하고 신앙적으로 매우 감동하게 됩니다. 그런데 이렇게 읽고 나면 어떤 아쉬움이 남습니다. 앞뒤 문맥과 상관없이 읽는 것으로 끝나기 때문입니다. 이 구절은 문맥과 상관없이 독립적으로, 전통적 의미에서 기독교 칭의 교리를 잘 설명하는 말씀이 되고 맙니다. 과연 바울은 전통적 의미의 기독교 칭의 교리를 갈라디아서라는 맥락에서 설명하려는 의도로 이런 이야기를 했을까요? 갈라디아서 전체 맥락, 역사적·논리적 배경에 근거할 때, 왜 바울은 의롭게 되는 것과 관련한 이야기를 하고 있을까요?

우리는 이전 장에서 바울이 자서전적 방식으로 자기 이야기를 길게 나누는 대목을 살폈습니다. 바울이 이런 방식을 채택한 이유는 무엇입니까? 당장 갈라디아 교회에 신학적 원리나 교리를 제시하려는 목적이 아니었습니다. 오히려 바울 자신의 이야기가 어떻게 하나님의 거대한 이야기와 교차하는지를 그려 내어 갈라디아 성도들의 상상력을 자극하려는 목적이었습니다. 하나님의 거대한 이야기는 하나님의 백성으로 택함을 받은 유대인을 통해 모든 이방인에게 복을 주시려는 것이었습니다. 하나님께서 이를 위해 어떻게 유대인의 경계를 넘어 바울을 사용하셨는지 이야기했습니다. 이는 바울만의 이야기가 아니었습니다. 베드로를 포함한 야고보와 다른 사도들도 모두 인정하는 이야기였습니다.

그러나 어떤 구체적인 순간에 이방인과 유대인이 하나 되어 나누던 식탁 교제가 깨졌습니다. 이 때문에 바울이 베드로에게 심각하게 문제 제기했다고 했습니다. 이런 맥락 가운데 본문이 놓여 있습니다. 바울은 지금 개인 구원의 문제, 개인이 법정적 의미로 의롭게 되는 칭의를 논하는 상황이 아닙니다. 하나인 하나님의 교회가 어떻게 나누어지고 분열되는지를 돌아보며 교회론 차원에서 이야기하려는 의도입니다. 그리고 경계를 넘어 진행되는 하나님의 선교 차원, 즉 선교론의 차원에서도 이야기하고 있습니다. 따라서 의롭게 되는 것, '이신칭의'라는 주제는 교회 공동체에서 서로가 맺는 관계 차원으로 이해해야 합니다. 나아가 '세상 속 하나님의 일하심', 즉 미션얼 차원 (missional dimension)에서 이해할 필요가 있습니다.

바울은 자신을 포함해 앞서 등장한 베드로와 바나바 같은 유대 그리스도인 동역자들을 포괄하는 "우리"를 주어로 삼고 2:15-17을 언급합니다. 유대인이지만 그리스도인이 된 자라면 모두가 동의하는 바를 다시 확인하려 합니다. 원래 유대인은 스스로는 이방인 죄인이 아니라고 생각했습니다. 자연스럽게 스스로 '의인'이라고 생각했을 것입니다. 그러니 이방인 죄인들과 관계할 이유도 없고, 하나님이 세상 가운데, 이방인 속에서 일하신다고 생각할 필요도 없었습니다. 하나님은 늘 택한 자 우리 유대인을 위해 일하시고, 우리 유대인을 위해 존재하신다고 이해했을 것입니다.

그런데 바울이 2:16에서 세 번 반복하면서("사람이" "우리가" "아무도") 이야기하듯이, 유대인이기에 의인이고 이방인이기에 죄인이라는 정체성 규정은 그리스도인이 되었을 때 완전히 바뀌었습니다. 이 사실을, 바울 자신은 물론이고 베드로 사도를 비롯해 유대교 출신이지만 그리스도인이 된 자들인 "우리"가 안다는 말입니다.

율법의 작동을 넘어 '예수의 신실하심'으로 ———

무엇을 압니까? 앞서 언급했듯이, 전통적 해석의 눈으로 보면 '율법과 행위 vs. 그리스도와 믿음'의 대조가 눈에 들어옵니다. 선행이나 행위로 구원받지 않고 믿음으로 구원받은 사실을 안다고 해석할 것입니다. 그런데 여기서 율법의 행위가 세세한 율법 규정을 지키는 행동을 의미한다고 보기는 어렵습니다. 자동적으로 유대인을 의인으로 만들어 줄, 할례와 같은 율법의 작동(works)을 의미하는 것입니다. 본디 유대 사람으로 할례를 받았으니, 아브라함 자손으로서 이방인이 아닌 의인이라고 생각한 민족적 정체성이 율법의 행위(작동 방식, "the works of the law" - NASB)인 셈입니다.

그러나 유대인들은, 유대인이라는 민족적 정체성을 가지면 자동으로 의롭게 여겨지는 것이 하나님 뜻이 아니라는 사실을 알게 되었습니다. 바벨론 포로기부터 당시 로마 속국 상태에 이르기까지 역사 속에서 다양한 유배 경험을 거쳤기 때문입니다. 그래서 메시아가 오셔서 하나님의 신실하신 언약을 이루시는 그때를 기다리는 유대인이 많았습니다. 그들 중 사도가 있었고, 이 사도들에게 메시아 그리스도가 오셔서 신실하심을 보여 주셨습니다. 이들은 그리스도 예수라는 메시아의 신실하심을 믿음으로 민족적 정체성을 뛰어넘어 새로운 하나님의 백성이라는 정체성을 갖게 되었습니다.

톰 라이트는 '에브리원 주석 시리즈'로 신약 전권에 간명하고도 유익한 주석을 남겼습니다. 그는 개인 번역[私譯]을 이 주석에 넣었는데, 갈라디아서 2:16을 이렇게 번역합니다. "그러나 우리는 사람이 유대 율법의 행위가 아니라 메시아 예수의 신실하심으로 '의롭다'고 선언됨을 압니다. 우리가 메시아 예수를 믿는 이유도 그 때문입니다. 우리는 유대 율법을 행하는 행위가 아니라 메시아의 신실하심에 근거하여 의롭다고 선언될 수 있습니다. 율법의 행위를 근거로 해서는 어떤 피조물도 '의롭다'는 선언을 받을 수 없습니다."《《모든 사람을 위한 갈라디아서 데살로니가전후서》, IVP, 47쪽)

여기서 "피스테오스 예수 크리스투"(πίστεως Ἰησοῦ Χριστοῦ)는 "예수 그리스도의 믿음"이라는 소유격 표현으로 직역할 수 있습니다. 우리가 읽는 대부분 성경은 이를 "예수 그리스도를 믿는 믿음"이라고 번역했는데, 톰 라이트는 "예수 그리스도의 신실함"으로 번역합니다. 이렇게 보면, 우리는 베드로이든 바울이든 예수를 만나서 그리스도 메시아로 고백한 사람들이 이전과 다른 정체성 선언을 하는 근거가 무엇인지 더 명확히 알 수 있습니다. 의롭다는 선언은 유대인이라서 주어지는 것이 아닙니다. 우리가 믿음을 가졌기에 주어지는 것도 아닙니다. 의롭다는 선언은, 믿음의 대상 예수 그리스도의 신실하심 덕분에 주어지는 것입니다. 우리가 예수 그리스도의 신실하심을 믿을 때 의롭다는 선언이 주어집니다.

세례받는 순간 선언되는 의로움의 의미 ————

의롭다는 정체성이 선언되는 자리는 다름 아닌 세례를 받는 순간입니다. 세례는 바울이 권면을 할 때 자주 언급하는 기억의 매체입니다. 바울은 그리스도인들에게 과거로 되돌아가 세례의 순간을 떠올리라고 말하곤 합니다. 유대인이든 이방인이든 세례를 받을 때 예수가 메시아 그리스도라는 사실을 고백하기 때문입니다. 세례는 이런 고백에 근거해, 그리스도의 십자가 죽음과 부활, 그리고 그리스도와 함께 죄에 대해 죽고 의에 대해 살게 된다는 사실을 개인적으로 경험할 뿐 아니라 공동체적으로 증언하는 일입니다. 이것이 2:19-20이 이야기하려는 내용입니다.

> 나는 율법과의 관계에서는 율법으로 말미암아 죽어버렸습니다. 그것은 내가 하나님과의 관계 안에서 살려고 하는 것입니다. 나는 그리스도와 함께 십자가에 못박혔습니다. 이제 살고 있는 것은 내가 아닙니다. 그리스도께서 내 안에서 살고 계십니다. 내가 지금 육신 안에서 살고 있는 삶은, 나를 사랑하셔서 나를 위하여 자기 몸을 내어주신 하나님의 아들을 믿는 믿음 안에서 살아가는 것입니다.

이 본문에서 '그리스도와 함께'라는 표현과 '죽는다' '산다'라는 단어가 대조되는 지점을 보면, 세례 장면을 생각하며 썼다는 사실을 알 수 있습니다. 우리는 세례를 통해 그리스도와 함께하는 존재가 됩니다. 그리스도와 함께 십자가에 못 박힙니다. 그리고 그리스도와 함께 삽니다. 그리스도께서 내 안에 살고 계시므로 부활을 삽니다. 지금의 삶을 그리스도의 신실하심으로 삽니다. '나를 사랑하셔서 나를 위하여 자기 몸을 내어주신 하나님 아들의 신실함' 가운데 살아갑니다.

히브리적 사고로 볼 때 구약에서 의로움은 개인적·도덕적·윤리적 차원, 법정적 차원을 넘어섭니다. 구약에서 의로움은 올바른 관계를 맺는 것을 의미합니다. 하나님의 신실하심을 닮아 하나님과 신실한 관계 안에 있는 것이 의로움입니다. 이는 자연스럽게 나와 나 자신의 심리적 관계, 나와 너의 사회적·정치적 관계, 나와 피조 세계의 생태적 관계에 이르기까지 의로움으로 드러납니다.

따라서 하나님과의 관계에서 의로운 정체성을 가진 존재로 살게 되었다면 구체적으로 공동체적 삶, 이웃과의 삶에서도 의로운 정체성을 가진 존재로 드러나야 합니다. 바울은 이런 생각으로 2:17-18에서 베드로와 같은 유대 그리스도인을 염두에 둔 것처럼 단도직입적으로 말합니다.

> 우리가 그리스도 안에서 의롭다고 하심을 받으려고 하다가, 우리가 죄인으로 드러난다면, 그리스도는 우리로 하여금 죄를 짓게 하시는 분이라는 말입니까? 그럴 수 없습니다. 내가 헐어 버린 것을 다시 세우면, 나는 나 스스로를 범법자로 만드는 것입니다.

말하자면, 바로 앞의 베드로 사례를 들어서 이렇게 정리할 수 있습니다. "베드로는 그리스도 안에서 의롭게 되어 하나님과 올바른 관계를 맺은 존재로서 이방인과의 식사를 통해 그 의를 드러내려 했다. 이방인 그리스도인과의 수평적 관계 속에서 의를 드러내려 한 베드로는 야고보에게서 온 유대인들을 보고 자리를 피하고 말았다. 이방인과 식탁 나눔을 한다고 비난을 받을까 걱정하여 자리를 피한 베드로가 야고보에게서 온 유대인들에 의해 죄인이 되고 만다면, 그리스도께서는 우리에게 죄를 짓게 하는 분이시라는 말인가? 그것은 말이 안 된다."

이는 오히려 "헐어 버린 것"(2:18)을 다시 세우는 일과 다르지 않습니다. 헐어 버린 유대교적 경계를 다시 세우면 스스로 범법자 죄인이라는 정체성을 드러내는 것입니다. 유대교적 경계의 담을 다시 세우면 하나님의 의를 드러내지 못합니다. 경계를 넘어 이방인과 수평적 관계를 맺으면서 하나님의 의를 드러내는 일이 과거 유대교 입장에서는 죄인처럼 보일 수 있습니다. 실제 자유의 복음 시각에서 보면, 헐어 버린 것을 다시 세워 형제들과의 관계를 불편하게 만드는 것은 경계를 넘어서는 하나님의 일하심을 주춤거리게 하는 죄입니다.

구원론 · 교회론 · 선교론 시각에서 본 칭의

결국 의롭게 되는 것(칭의)은 한 사람이 구원받아 윤리적으로 죄를 짓지 않고 의로운 삶을 추구하는 차원을 넘어선다고 할 수 있습니다. 의로움은 예수 그리스도의 신실하심으로 말미암습니다. 의로움은 예수 그리스도와의 연합으로 예수 그리스도의 신실하심에 참여해서 하나님뿐 아니라 모든 관계에서 바른 관계를 맺는 것입니다. 공동체 안에서, 세상 속에서 바른 관계를 맺는 것이 의입니다.

복음과 이신칭의를 개인의 영혼이 어떻게 구원받는지에 대한 교리 체계로 생각한다면 복음의 참된 의미를 심하게 곡해하고 맙니다. 유대인, 이방인 상관없이 모든 인간은 율법의 행위나 선행이 아닌, 오직 예수 그리스도를 믿는 데서 오는 은혜로 의로워지며, 누구든지 이 믿음으로 구원을 받아 마침내 천국에 간다는 것은 바울이 말하고 싶어 하는 복음이 아닙니다.

바울이 관심을 둔 것은 무시간적이고 비역사적인 구원 체계가 아니었습니다. 한국의 많은 자칭 그리스도인과 교회는 인간 개인이 구원받는 것을 강조하며, 하나님을 엄한 법관처럼 생각하는 법정 이미지를 머리에 갖고 있습니다. 이렇듯 이신칭의와 윤리적 의로움을 강조하는 이들이 세상 가운데 오히려 더 불의하고 통속적이며 의롭지 못하다고 평가받는 이유가 무엇이겠습니까?

모두 의롭게 되는 것에 대한 오해 때문입니다. 하나님의 의는 법정의 차가운 공의보다 곤궁에 처한 인간을 구원하고 치유하고 회복하는 따스한 사랑과 자비와 연결되어 있습니다. 의롭게 되는 것은 개인 구원을 넘어서는 문제입니다. 의롭게 되는 것은 교회에서 서로 관계를 맺는 일과 깊은 관련이 있습니다. 역사에 대한 하나님의 계획, 세상을 향한 하나님의 신실하신 관심과 관련이 있습니다. 예수 그리스도의 메시아 사역으로 말미암아 이스라엘을 통해 만물을 회복하시려는 하나님의 위대한 계획이 하나님의 의입니다. 언약을 성취하시는 하나님의 언약적 신실성이 바로 하나님의 의입니다.

그러므로 칭의는 구원론을 넘어 교회론 시각에서, 더 나아가 세상을 향한 선교론 관점에서만 제대로 이해할 수 있습니다. 칭의를 개인 구원 차원에 한정 짓는 사고방식을 넘어서야 합니다. 교회 내의 관계 가운데, 세상 가운데 일하시는 하나님의 선교 관점에서 이해해야 합니다.

그럴 때 21세기 포스트 시대를 살아가는 우리는 자유롭게 하는 그리스도의 복음을 말과 삶으로 세상에 제대로 전달할 수 있을 것입니다. 의로움은 바른 관계를 맺는 것입니다. 관계를 바르게 맺기 위해 힘쓰면서 살아야 합니다. 이것이 의롭게 되는 것입니다. 하나님과의 관계뿐 아니라, 이웃과의 관계, 형제자매와의 관계 가운데 의를 드러내야 합니다.

바른 관계 가운데 신실하심을 드러내라

예수님이 직접 경계를 넘어 육신을 가진 인간들에게 다가오셔서 (2:20) 신실하고 바른 관계를 맺으셨듯이, 우리도 이웃과 신실하고 바른 관계를 맺어야 합니다. 하나님과 인간 사이의 경계를 넘어 육체로 보내심을 받은 예수 그리스도께서 우리에게 원하시는 것은 무엇이겠습니까? 연약한 육체 가운데 살아가는 우리 또한 보냄을 받은 일상생활 현장에서 경계를 넘어서기를 원하십니다. 우리가 경계를 넘어 남의 눈을 두려워하지 않고 거침없이 바른 관계 가운데 의를 드러내기 원하십니다.

이전에 우리는 '믿음으로 의롭게 되었으니 우리는 법적 의인이야' '칭의를 통해 우리는 개인적으로 구원을 받았어'라고 자신 있게 말했습니다. '믿음으로 의롭게 되었으니 구원은 따 놓은 당상이야'라고 여겼습니다. 그러면서 자연스럽게 교회 바깥에 있는 사람들은 잃어버린 영혼이며 '죄인'이라고 생각하곤 했습니다. 하나님은 이제 '죄인'이라 불리는 사람들과의 관계 속으로 우리를 보내십니다. 그렇게 우리가 경계를 넘어가기 원하십니다. 그 경계 너머에서 하나님의 의, 하나님의 신실하심을 드러내기를 원하십니다.

그리스도의 죽음과 부활에 참여하여 세례를 받은 자는 예수 그리스도의 신실하심으로 의롭게 된다는 사실을 압니다. 이 사실을 알면 '의로움'에 대한 관점이 바뀌게 됩니다. "내가 지금 육신 안에서 살고 있는 삶은, 나를 사랑하셔서 나를 위하여 자기 몸을 내어주신 **하나님의 아들의 신실하심** 안에서 살아가는 것"이라고 생각하기 때문입니다. 그리스도의 신실하심처럼 우리도 공동체 안에서 신실하게 형제를 대하게 됩니다. 경계 너머 이웃과 세상도 신실하게 대하게 됩니다. 이것이 하나님의 은혜를 헛되지 않게 하는 것입니다. 그리스도의 죽으심을 헛되지 않게 하는 길입니다.

4

미션얼
성서 읽기 I
복이 되기 위해 복 받은 자

갈 3:1-18

성서의 거대 내러티브를 관통하는 이야기 줄기를 선입견이나 한계로 뒤틀어 보지 않으려면 무엇이 필요할까요? 바울의 구약 읽기에서 배울 수 있는 미션얼 해석학 렌즈는 무엇일까요?

3:7-8 그러므로 믿음에서 난 사람들이야말로 아브라함의 자손임을 여러분은 아십시오. 또 하나님께서 이방 사람을 믿음에 근거하여 의롭다고 여겨 주신다는 것을 성경은 미리 알고서, 아브라함에게 "모든 민족이 너로 말미암아 복을 받을 것이다" 하는 기쁜 소식을 미리 전하였습니다.

구약을 잘 몰랐던 갈라디아 성도들의 정황

바울은 1-2장에서 자기 자신과 자신이 전하는 메시지에 관해 이야기합니다. 그 후에 3장부터 본격적으로 갈라디아 사람들 문제로 들어갑니다. 먼저 3:1에서 "어리석은 갈라디아 사람들이여"라고 한 다음, 3:3에서도 "여러분은 그렇게도 어리석습니까?"라고 따지는데, 갈라디아 사람들을 두 번이나 부정적으로 말합니다. 바울이 자신의 답답한 마음을 크게 표현하는 것입니다. 갈라디아 교회 사람들은 왜 이렇게 답답하고 어리석은 상태에 빠져 있을까요?

바울이 3:1에서 "누가 여러분을 홀렸습니까?"라고 질문하는 모습을 보면, 어떤 사람들이 주장하는 내용에 마음이 홀렸기 때문에 갈라디아 성도들이 어리석은 상태에 있다는 사실을 알 수 있습니다. 우리가 지금까지 함께 살펴본 내용을 보면, 유대교를 믿다가 개종한 그리스도인들이 예루살렘에서 와서 이방인 출신 갈라디아 교회 교인들을 교란하는 상황이었습니다. 이들은 갈라디아 교인들에게 '그리스도인이 됐다고 해도, 그 상태로 머물러 있으면 안 된다. 할례와 같은 유대교적 실천을 가미해야 한다. 그렇지 않으면 열등한 그리스도인으로 사는 것과 다름없다'라는 식으로 이야기했을 것입니다

이들은 아마도 자신들 주장을 뒷받침하고자, 갈라디아에 있는 이방인 그리스도인들에게 생소한 구약 이야기를 근거로 늘어놓았을 것입니다. 갈라디아 사람들이 잘 모르는 구약성경에 관한 해박한 지식을 풀어놓으면서 강조했을 것입니다. 아브라함의 할례가 하나님과의 언약에서 얼마나 중요한지, 모세율법이 하나님의 백성들인 유대인을 얼마나 독특하게 만들었는지 말입니다. 구약성경을 현란하게 인용하고 줄줄 외우면서, 성경을 잘 모르는 이방인 출신 그리스도인들을 주눅 들게 하지 않았을까요? 갈라디아 교인들이 어리석은 선택을 하려 한 이유에는 이런 행태에 따른 압박감이 자리하고 있었습니다. 어쩌면 열등감 혹은 호기심에 따라 어리석은 선택을 하려 했거나, 어리석은 선택을 했을 것입니다.

제임스 사이어는 《기독교 세계관과 현대사상》·《지식건축법》(IVP) 등 세계관에 관한 중요한 책을 많이 썼습니다. 그중 이단을 다루는 책이 있습니다. 한국에서는 《비뚤어진 성경해석》(생명의말씀사)으로 번역 출간되었는데, 책 제목이 시사하는 바가 큽니다. 제임스 사이어는 이 책에서 이단을 정의합니다. 제임스 사이어에 따르면, 이단이란 자

신들이 가진 왜곡되고 비뚤어진 세계관으로 성경을 해석하는 집단입니다.

사실 자기 주관을 뒷받침하기 위해 성경을 왜곡하여 비뚤어지게 해석하는 사례는 매우 많습니다. 심지어 불교 세계관으로 성경을 해석하면 성경이 불경처럼 읽히는 법입니다. 우리가 이런 관점으로 본문을 보면, 갈라디아 교인들이 어리석은 선택을 하게 된 것은 유대교 세계관으로 구약을 왜곡되고 비뚤어지게 해석하는 사람들에게 홀렸기 때문입니다. 이들은 잘못되고 비뚤어진 성경 해석으로 그리스도의 복음을 왜곡시킵니다(1:7). 이방인 그리스도인들은 구약을 잘 몰라서 그냥 그들이 설득하는 말에 넘어가 어리석은 선택을 하려 합니다. 이들은 결국 유대교 출신 그리스도인들의 박학다식에 주눅이 들어 미혹되고 말았습니다.

그래서 바울은 복음을 믿고 받아들였던 갈라디아 교인들의 신앙 경험을 바탕으로 3-4장에 걸쳐 긴 논증을 펼칩니다. 바울은 비뚤어진 유대교적 성경 해석을 염두에 두고서 아브라함과 모세로 이어지는 구약 이야기를 그대로 가져옵니다. 그뿐 아니라, 이번 본문에만 여섯 번이나 구약 말씀을 현란하게 인용하고 줄줄 외우면서, 진짜배기 성경 해석이 무엇인지를 제대로 보여 주고 있습니다.

3:18까지 이어지는 내용을 보면, 바울은 하나님과 아브라함이 맺은 언약이 어떻게 그리스도 예수 안에서 십자가로 분명히 성취되는지를 설명합니다. 그리고 이것이 유대교 박스 내부 세계관이 아니라

'이방 모든 민족에게 복을 주는 기쁜 소식'(3:8)이라는 사실을 강조합니다. 즉, 예수 그리스도의 십자가가 복음의 관점으로 어떻게 연결되고 관통되는지를 논증하는 것입니다. (그 후 바울은 모세와 율법의 의미를 다루면서 비뚤어진 해석을 뒤엎고 바른 성경 해석을 들려주는데, 이 부분은 다음 장에서 상세하게 볼 것입니다.)

갈라디아 교회의 신앙 경험을 일깨운 바울

바울이 가장 먼저 이방인 출신 갈라디아 그리스도인들에게 상기한 신앙 경험은 무엇입니까? 그들이 성령을 받고 성령 가운데서 살아간 신앙 경험입니다. '하나님께서 여러분에게 성령을 주시고 여러분 가운데서 기적을 행하시는 것이 무엇 때문입니까? 여러분이 율법을 행하기 때문입니까? 믿음의 소식을 듣고 믿어서 그런 것입니까?'(3:5)

믿는 자가 성령을 받는 경험, 그러니까 하나님께서 예수 그리스도를 통해 믿는 자들에게 약속하신 성령을 주시는 경험은 초대교회에서 매우 독특하고 중요한 시그널이었습니다. 어떤 사람들은 사도행전을 '성령행전'으로 부르는데, 이 별명처럼 사도행전 전체는 사도행전 1:8의 성취로 이해될 수 있습니다. 예수님은 사도행전 1:8에서 이렇게 말씀하십니다. "그러나 성령이 너희에게 내리시면, 너희는 능력을 받고, 예루살렘과 온 유대와 사마리아에서, 그리고 마침내 땅 끝에까지 이르러 내 증인이 될 것이다."

사도행전은 이 말씀 순서대로, 사도들이 증언하여 선포한 복음이 동심원같이 퍼지면서 각 사람이 성령을 받는 장면을 보여 줍니다. 믿는 사람들, 유대인들, 사마리아인들, 로마 이방인들, 헬라 이방인들에게 차례로 성령이 내리십니다. 사도행전 2장에서는 사도들과 예루살렘과 온 유대에 성령이 임하십니다. 베드로와 사도들이 성령을 경험하고 나서 설교하는 내용에 많은 사람이 마음에 찔림을 받습니다. 그 사람들이 어떻게 하면 좋겠냐고 묻는데, 베드로는 이렇게 답합니다.

> 회개하십시오. 그리고 여러분 각 사람은 예수 그리스도의 이름으로 세례를 받고, 죄 용서를 받으십시오. 그리하면 성령을 선물로 받을 것입니다. 이 약속은 여러분과 여러분의 자녀와 또 멀리 떨어져 있는 모든 사람, 곧 우리 주 하나님께서 부르시는 모든 사람에게 주신 것입니다. (행 2:38-39)

이어서 사도행전은 1:8에 적힌 순서대로, 사마리아에 복음이 증거되어 성령이 임하는 사건을 8장에서 기록하고 있습니다. 이 사건에서는 복음이 먼저 증거되고 사람들이 세례를 받고 난 후에, 베드로와 요한이 안수하자 성령이 임합니다(행 8:14-17). 사도행전 10:44-48에는 로마 백부장 고넬료와 그 가족에게 성령이 임하는 장면이 나옵니다. 이때, 할례를 받은 유대인들이 이방인에게도 동일한 성령이 내리시는 모습을 보고 놀랍니다. 이런 경험이 축적되면서 사도들의 공동체는 사도행전 15장에서 복음을 듣고 믿는 일이 이방인에게도 허락되었다고 공식적으로 인정하는 대화를 주고받습니다.

> 사도들과 장로들이 이 문제를 다루려고 모였다. 많은 논쟁을 한 뒤에, 베드로가 일어나서 그들에게 말하였다. "형제 여러분, 여러분이 아시는 대로, 하나님께서 일찍이 여러분 가운데서 나를 택하셔서, 이방 사람들도 내가 전하는 복음의 말씀을 듣고 믿게 하셨습니다. 그리고 **사람의 마음속을 아시는 하나님께서는 우리에게 주신 것과 같이 그들에게도 성령을 주셔서, 그들을 인정해 주셨습니다.** 하나님께서는 그들의 믿음을 보셔서, 그들의 마음을 깨끗하게 하시고, 우리와 그들 사이에, 아무런 차별을 두지 않으셨습니다. 그런데 지금 여러분은 왜 우리 조상들이나 우리가 다 감당할 수 없던 멍에를 제자들의 목에 메워서, 하나님을 시험하는 것입니까? 우리가 주 예수의 은혜로 구원을 얻고, 그들도 꼭 마찬가지로 주 예수의 은혜로 구원을 얻는다고 우리는 믿습니다." (행 15:6-11)

베드로가 일어나 증언한 내용은 이방 사람들도 복음을 믿을 때 성령을 받는다는 사실입니다. 바울도 이 증언과 똑같은 경험을 합니다. 사도행전 19장을 보면, 바울은 에베소에서 요한의 세례밖에 알지 못했던 아볼로에게서 가르침을 받은 사람들과 만납니다. 바울은 이들이 주 예수의 이름으로 세례를 받도록 합니다. 성경은 그 후에 바울이 안수하니 성령이 그들에게 내리셨다고 기록하고 있습니다.

이렇듯 초대교회 당시 복음이 전파되는 과정에서는 사람들이 복음을 믿을 때 받게 되는 성령이 중요한 증거였습니다. 이방인에게도 복음이 임했다는 사실은 성령을 받는 경험을 통해 확인할 수 있었습니다. 누군가 성령을 받을 때는 방언, 예언 등이 나타나기도 하지만, 반드시 가시적 현상이 동반되지는 않습니다. 기본적으로 성령은, 오순절 성령강림 이후 베드로가 설교한 내용처럼, 세례를 받고 죄를 용서받았을 때 하나님께서 선물로 주시는 것입니다. 바울은 고린도전서에서 이렇게 말합니다.

> 그러므로 나는 여러분에게 알려드립니다. 하나님의 영으로 말하는 사람은 아무도 "예수는 저주를 받아라" 하고 말할 수 없고, 또 성령을 힘입지 않고서는 아무도 "예수는 주님이시다" 하고 말할 수 없습니다. (고전 12:3)

즉, "예수님은 주님이십니다!"라는 고백이 성령을 받았다는 증거입니다. 성령을 받을 때 뭔가 특별한 경험이 반드시 동반되는 것은 아닙니다. 선포된 믿음의 소식인 복음을 듣고 믿으면, 성령은 선물로 주어집니다. 이방인 출신 갈라디아 성도들도 이런 경험이 있었습니다. 믿을 때 바로 이런 성령을 받았던 것입니다.

아브라함 언약, 거대한 이야기의 시작

이 성령 경험이야말로, 아브라함으로부터 시작하는 구약성경의 거대한 이야기에 담긴 핵심 주제와 연결됩니다. 구약의 핵심 주제와 성령을 받은 경험을 연결하는 것이 바로 본문에서 바울이 전개하는 논지입니다. 바울은 성령을 받은 경험을 무시하거나, 할례 혹은 다른 율법의 행동이 필요하다며 구약성경을 풀어서 제시하는 모든 시도를 강하게 비판합니다. 어떤 구체적이고 가시적인 율법의 행동이 필요하다는 주장은 왜곡되고 비뚤어진 성경 해석의 결과물입니다. 그리스도인들을 미혹하고 홀리는 것입니다.

그래서 바울은 유대교적 전통을 가진 사람들이 제시하는 이런 구약성경 해석 때문에 호기심을 품거나 모종의 열등감에 빠지는 이들의 생각을 겨냥합니다. 그러면서 바울은 갈라디아서 3:14까지 여섯 번 구약을 인용하면서 정확하게 논증을 펼칩니다(3:6-9, 3:14). 바울은 유대교적 비전의 핵심인 아브라함 언약의 목적이 유대인을 넘어서 이방인을 향하고 있었다고 밝힙니다. 이방인이 믿음으로 말미암아 복을 얻게 하는 것이 아브라함 언약의 목적이었다고 논증합니다. 아브라함 언약이 아니라, 그로부터 "사백삼십 년 뒤에"(3:17) 모세가 준 율법의 행위에 속한다면, 복이 아닌 저주 아래 있다고 말합니다(3:10-13).

바울은 창세기 15:6을 인용하며 "아브라함이 하나님을 믿으니, 하나님께서 그것을 의로운 일로 여겨 주셨다"라는 말로 구약성경 이야기를 시작합니다(갈 3:6). 실제로 당시 아브라함 이름은 아브람이었고, 그는 할례도 받지 않은 상태였습니다. 그런데도 "너의 몸에서 태어날 아들이 너의 상속자가 될 것이다"(창 15:4) "너의 자손이 저 별처럼 많아질 것이다"(창 15:5)라고 약속하신 하나님을 믿었습니다.

하나님께서는 이것을 의로운 일로 여겨 주셨습니다. 하나님은 할례 유무와 상관없이 약속에 대한 아브람의 믿음을 의로 여기셨기에, 바울은 갈라디아서 3:7에서 믿음에서 난 사람들이야말로 아브라함의 자손이라고 할 수 있다고 단언합니다. 바울은 3:8에서 창세기 12:3을 정확히 인용합니다. 아브라함 언약의 출발점인 창세기 12:1-3은 매우 핵심적인 구절입니다.

> 주님께서 아브람에게 말씀하셨다. "너는, 네가 살고 있는 땅과, 네가 난 곳과, 너의 아버지의 집을 떠나서, 내가 보여 주는 땅으로 가거라. 내가 너로 큰 민족이 되게 하고, 너에게 복을 주어서, 네가 크게 이름을 떨치게 하겠다. 너는 복의 근원이 될 것이다. **너를 축복하는 사람에게는 내가 복을 베풀고, 너를 저주하는 사람에게는 내가 저주를 내릴 것이다. 땅에 사는 모든 민족이 너로 말미암아 복을 받을 것이다.**"

잘 알듯이, 유대인들은 창세기 12:3을 도외시했습니다. 오히려 12:2에 방점을 찍었습니다. "너에게 복을 주어서 … 너는 복의 근원이 될 것이다." 12:2에 근거해 하나님이 아브라함과 그 자손들, 유대인들을 특별히 사랑하셨다고 생각했습니다. 이는 유대인의 민족적 자부심, 정체성과 결부된 해석입니다. 그러나 12:3까지 이어서 보면, 아브라함에게 약속하신 복은 모든 민족이 복을 얻게 되는 방편이자 수단이었습니다. 아브라함과 유대인은 모든 민족에게 복이 되려고 복을 받았습니다. '복이 되기 위하여 복을 받은 자'(The Blessed to be Blessings), 이것이 이 부르심에 담긴 진정한 의도였습니다.

바울은 이 사실을 충격적 표현을 곁들여서 설명합니다. 이것이야말로 '기쁜 소식'(한글 번역본 대부분에서는 "복음")이라고 표현합니다. "모든 민족이 너로 말미암아 복을 받을 것이다"라는 약속이 복음의 핵심이라고 말하는 것입니다. 이방인 출신 갈라디아 교회 사람들은 자신들이 이 복에 닿아 있다는 사실을 자연스럽게 깨달아야 했습니다. 바울이 갈라디아서 3:9에서 선언하는 내용은 이런 맥락에서 나왔습니다. 갈라디아 교인들을 포함해 믿음으로 난 사람들은 모두, 할례 이전에 믿음을 통해 의로움을 얻고 복을 받은 아브라함과 함께 복을 받는다고 선언하는 것입니다.

저주를 복으로 바꾼 십자가 사건 ————

바울은 여기서 멈추지 않습니다. 수천 년 전 아브라함이 받은 복이 어떻게 갈라디아 이방인들에게 영향을 미치게 되었는지 더 자세히 설명하려 합니다. 아브라함에게 약속된 복이 실제로 모든 민족에게도 유효하기 위해서는 무엇이 해결되어야 합니까? "저주 아래에 있는" 상태가 해결되어야 합니다. 바울은 3:10-13에서 구약성경을 하나하나 인용하면서 이 문제를 다룹니다.

구약에는 두 가지 삶의 원리가 나옵니다. 3:11에서 인용한 하박국 2:4처럼, 믿음으로 사는 의인의 삶이 있습니다. 그런가 하면, 3:12에서 인용한 레위기 18:5처럼, 율법의 일을 행하며 사는 삶이 있습니다. 그런데 현실은 냉혹합니다. 3:10에서 인용한 신명기 27:26처럼, 율법의 일은 "모든 것을 계속하여" 행하지 않으면 저주 아래 놓이는 것이 분명하기 때문입니다. 그래서 바울은 말합니다. "하나님 앞에서는, 율법으로는 아무도 의롭게 되지 못한다는 것이 명백합니다."(갈 3:11) 이것이 바울이 정확하게 짚어 낸 구약 메시지의 핵심입니다.

바울이 가리키는 이 현실은 율법이 있는 유대인에게나 율법이 없는 이방인에게나 마찬가지입니다. 바울은 참고로 로마서에서 율법이 없는 자에게도 자기 자신과 자기 양심이 율법이 된다고 했습니다. 따라서 율법으로부터 오는 저주에서 피할 수 있는 사람은 단 한 사람도 없다고 단언합니다(롬 2:14-15).

그렇다면 저주 아래 있다는 것이 모든 인류가 처한 곤경인데, 바울은 이 문제를 그리스도께서 해결하셨다고 말합니다. 갈라디아서 3:13이 말하듯이 "그리스도께서 우리를 위하여 저주를 받은 사람이 되심으로써" 해결하셨습니다. 바울은 3:13에서 뒤이어 신명기 21:23 "나무에 달린 자는 모두 저주를 받은 자이다"라는 말씀을 인용합니다. 누가 보더라도 십자가에 못 박히신 예수님을 떠올릴 수밖에 없는 구절입니다. 이 신명기 말씀 때문에, 십자가에 달린 예수님을 메시아라고 주장한 이들에게 핍박이 가해졌습니다. 사울이었던 바울을 포함한 유대인들이 참을 수 없는 분노를 쏟아 낸 이유입니다.

율법에 따르면, 나무에 매달린 자는 하나님께 저주받는데 어떻게 하나님이 보내신 메시아 그리스도가 십자가에서 죽으실 수 있느냐는 말입니다. 유대인들은 이것을 그야말로 신성모독이라고 생각할 수밖에 없었습니다. 그러나 바울은 부활하신 예수님을 직접 만나 회심한 이후, 새로운 관점으로 이 사실을 해석하게 되었습니다. 예수님은 율법의 저주에서 우리를 속량해 주시기 위해 우리를 대신해서 나무에 달려 저주받으셨다고 믿게 되었습니다. 이 결과, 저주는 복으로 바뀌었습니다. 바울은 갈라디아서 3:14에서 말합니다. "그것은, 아브라함에게 내리신 복을 그리스도 예수 안에서 이방 사람에게 미치게 하시고, 우리로 하여금 믿음으로 말미암아 약속하신 성령을 받게 하시려는 것입니다."

바울이 3:8에서 언급하는 복음, "이방 사람을 믿음에 근거하여 의롭다고 여겨 주신다" "모든 민족이 너로 말미암아 복을 받을 것이다"라는 기쁜 소식은 이제 이방인 갈라디아 사람, 더 나아가 우리의 것이 되었습니다. 우리는 약속하신 성령을 유업으로 받았습니다. 이것이 예수 그리스도께서 십자가에 못 박히신 결과였습니다. 그렇기에 우리는 바울이 3:1에서 왜 안타까워했는지 이해할 수 있습니다. "어리석은 갈라디아 사람들이여, 예수 그리스도께서 십자가에 못박히신 모습이 여러분의 눈 앞에 선한데, 누가 여러분을 홀렸습니까?"

하나님의 선교 관점이 필요한 이유 ————

갈라디아서 3:15-18을 보겠습니다.

> 형제자매 여러분, 나는 사람의 관례를 예로 들어서 말하겠습니다. 어떤 사람이 적법하게 유언을 작성해 놓으면, 아무도 그것을 무효로 하거나, 거기에다가 어떤 것을 덧붙일 수 없습니다. 그런데 하나님께서 아브라함과 그 후손에게 약속을 말씀하실 때에, 마치 여러 사람을 가리키는 것처럼 '후손들에게'라고 말씀하시지 않고 단 한 사람을 가리키는 뜻으로 '너의 후손에게'라고 말씀하셨습니다. 그 한 사람은 곧 그리스도이십니다. 내가 말하려는 것은 이것입니다. 하나님께서 이미 맺으신 언약을, 사백삼십 년 뒤에 생긴 율법이 이를 무효로 하여 그 약속을 폐하지 못합니다. 그 유업이 율법에서 난 것이면, 그것은 절대로 약속에서 난 것이 아닙니다. 그러나 하나님께서는 약속을 통하여 아브라함에게 유업을 거저 주셨습니다.

바울은 아브라함 언약 속에 이미 예수 그리스도의 위치가 단수 표현으로 후손(혹은 씨)이라고 언급된다고 말합니다. 후손 한 사람이 곧 그리스도를 의미한다고 덧붙입니다(3:16). 그러면서 하나님이 율법보다 430년 앞서서 아브라함과 그 후손에게 유업을 주겠다고 약속했기 때문에, 뒤늦게 나온 율법이 이 약속을 폐할 수 없다고 생각해야 사람의 관례에도 맞지 않느냐고 주장합니다. 결국 하나님이 약속을 통해 아브라함에게 유업을 거저 주셨듯이, 갈라디아 이방인들도 후손 그리스도를 통해 약속받은 성령의 유업을 누리게 되었다는 말입니다.

지금까지의 내용을 정리하면, 바울은 한마디로 엄청난 일을 시도하고 있습니다. 아브라함 언약이라는 거대한 서사를 메시아 예수 그리스도의 사역에 연결합니다. 구약성경을 자유자재로 인용하면서 이를 해석합니다. 동시에, 이 거대한 이야기를 혼란 가운데 빠진 갈라디아 교인들에게 주어진 신앙 경험과 연결하고 있습니다. 상상하건대, 이 편지를 읽는 갈라디아 사람들은 자신들의 어리석음을 부끄럽게 여기기 시작했을 것입니다. 어쩌면, 호기심 혹은 열등감 때문에 잠깐이나마 정체성을 의심하면서 느낀 부끄러움을 극복하고, 이제야말로 대단한 자부심을 품게 되었을지 모를 일입니다.

자신의 세계관 혹은 시대적·문화적 박스 안의 사고를 뒷받침하기 위한 비뚤어진 성경 해석은 사람들을 그릇된 호기심이나 열등감으로 몰아넣습니다. 그렇게 예수 그리스도의 복음이 아닌 다른 것을 강조하고 따르도록 만듭니다. 이단이나 다른 가르침이 한결같이 성경 공부를 강조하는 이유입니다. 성실하고 열정적인 분들이 이단 사이비 그룹에서 진행하는 성경 공부에 매력을 느껴 빠지는 모습을 생각해 보시기를 바랍니다.

교회가 가벼운 교제만을 좋아해서 성경이나 복음에 대해 심도 있게 나누지 않을수록 비뚤어진 성경 해석이 판을 치게 됩니다. 호기심 혹은 열등감 때문에 사람을 홀리는 가르침에 끌리게 될 것입니다. 따라서 우리는 더욱더 하나님의 말씀을 강조하고, 바른 해석을 추구해야 합니다. 심도 있는 말씀 나눔을 피해서는 안 됩니다.

우리는 성경의 거대한 서사를 이해하고, 특히 이 서사를 관통하는 예수 그리스도의 삶과 사역에 담긴 의미를 알아야 합니다. 믿음에 근거하여 박스 너머, 경계 너머에 있는 이방 사람을 의롭다고 여겨 주시는 복음, "모든 민족이 너로 말미암아 복을 받을 것이다"라는 기쁜 소식, 하나님의 일하심을 이해할 수 있어야 합니다. 우리에게는 하나님의 선교 관점에서 성경을 보는 눈이 필요합니다.

미션얼 읽기를 위하여

이런 눈을 기르는 데는 대단한 일이 강조될 필요가 없습니다. 모두가 신학교에 가야 한다는 말도 아닙니다. 우선 성경 전체를 통독해야 합니다. 가정 예배 시간을 이용할 수도 있고, 성경 전체를 읽는 단기 통독 프로그램을 활용할 수도 있습니다. 맥체인 성경 읽기표나 다른 통독 과정을 개인적으로 사용하는 방법도 좋습니다.

매일매일 하나님의 일하심 관점에서 성경을 묵상하고 연구하는 일도 필요하겠습니다. 경건의 시간, 소그룹 시간을 활용해도 좋습니다. 성경 강해를 듣거나 성경 강해서를 읽어도 좋으나, 제대로 된 성경 이야기와 강해 설교를 잘 가려야 합니다. 좋은 설교자를 만나는 일도 중요합니다. 이 모든 일을 혼자가 아닌 공동체로 함께하면 좋습니다. 공동체가 서로 분별해 주고 잘 권면하기를 바랍니다. 그래야 어리석은 선택을 하지 않을 수 있습니다. 해석 공동체로서 교회 역할이 여기에 있습니다.

무엇보다도 자신의 신앙 경험을 성경적 관점에서 이해하는 일이 필요합니다. 그래야 나의 신앙 경험이 무엇에 근거하고 있으며, 무엇을 향하는지 제대로 보게 됩니다. 예수 그리스도의 삶과 사역이 이 모든 신앙 경험의 근거여야 합니다. 그리스도께서 십자가에 못 박히신 일에 무슨 의미가 있는지, 우리가 무엇을 위해 성령을 받았는지 바로 볼 수 있어야 합니다. 그리고 이것이 모두 하나님께서 아브라함에게 내리신 복을 예수 그리스도 안에서 세상 모든 사람에게 미치게 하시려는 의도라는 사실을 봐야 합니다.

우리에게 복음, 성령의 은혜와 선물로 표현되는 복을 주신 이유는, 경계를 넘어서는 존재가 되라는 뜻입니다. 경계를 넘어 세상 속에서,

이웃 가운데, 모든 민족에게 복이 되고, 복을 끼치고, 복을 구하고, 복을 전달하는 존재가 되라는 것입니다. 우리는 세상에 복을 끼치는 사람으로서 복을 받은 자입니다.

이번 본문은 갈라디아서를 읽는 핵심적 관점을 제공하는 단락입니다. 더 나아가 성경 전체 서사, 전체 이야기를 읽어 내는 틀을 제공하는 중요한 본문이라고 말할 수 있습니다. 바울이 하나님의 선교 관점에서 구약성경을 읽어 나가면서 보여 준 모범 사례를 주목해 봅시다. 우리도 이런 관점에서 성경 서사를 읽을 뿐 아니라(Missional Reading of the Scripture), 21세기에 경계 바깥에서 일하시는 하나님, 우리 삶과 신앙 여정, 교회가 나아갈 길을 통찰할 수 있어야 합니다.

우리는 언제나 경계를 넘어 복을 주시려는 하나님의 마음을 읽어야 합니다. 우리는 그 하나님의 마음을 따라, 안전한 경계 혹은 박스 바깥에 있는 사람들에게 복을 전하고 끼치기 위해 부름을 받고 보냄을 받은 자들입니다.

5

미션얼
성서 읽기 II
삼위일체 하나님의
선교 이야기

갈 3:19-4:9

교회의 선교는 그 자체로 목적이 아니며 삼위 하나님의 선교를 반영하는 수단(매개)이어야 한다는 생각은 우리의 정체성 인식과 하는 일에 어떤 변화를 가져다줄까요?

4:8-9 그런데 전에는 여러분이 하나님을 알지 못해서, 본디 하나님이 아닌 것들에게 종노릇을 하였지만, 지금은, 여러분이 하나님을 알 뿐만 아니라, 하나님께서 여러분을 알아주셨습니다. 그런데 어찌하여 그 무력하고 천하고 유치한 교훈으로 되돌아가서, 또다시 그것들에게 종노릇 하려고 합니까?

두 자부심: 아브라함 언약과 모세율법 ────

다시 한번 정황을 상상해 봅시다. 유대교에서 개종한 그리스도인들이 예루살렘에서 갈라디아 교회로 와서, 이방인 출신 교인들을 홀리고 있었습니다. 이들은 이렇게 말했을 것입니다. "여러분은 바울의 선교로 이미 그리스도인이 되었습니다. 하지만 이것은 출발점일 뿐입니다. 그 자리에 머물러 있으면 안 됩니다. 이제 율법을 행해야 합니다. 특히 할례와 같은, 구약과 유대교적 실천들을 가미하지 않으면 안 됩니다. 그렇지 않으면, 여러분은 열등한 그리스도인으로 사는 것입니다." 이들은 이 주장을 뒷받침하기 위해 갈라디아 사람들에게는 익숙하지 않은 구약 이야기를 막 늘어놓았을 것입니다. 아브라함의 할례가 하나님과의 언약에서 얼마나 중요한지, 모세율법이 하나님의 백성인 유대인들을 얼마나 독특하게 만드는지를 이야기했을 것입니다. 갈라디아 사람들이 잘 모르는 구약성경에 대한 해박한 지식을 늘어놓으며 그렇게 말했을 것입니다. 바울은, 여기에 주눅 들거나 압박감을 느껴서 혹은 호기심으로 어리석은 선택을 하려고 하는 갈라디아 성도들을 향해 호소하고 있습니다. 갈라디아서 3장과 4장에 걸쳐, 특별히 과거 갈라디아 교인들의 신앙적 경험을 바탕으로 긴 논증을 펼치면서 뒤틀리고 왜곡된 유대교적 성서 사용과 해석을 뒤집는 작업을 하고 있습니다.

　우리는 지난 장에서 아브라함과 하나님이 맺으신 언약이 어떻게 그리스도 예수 안에서 십자가로 분명하게 성취되었는지를 보았습니다. 핵심은 무엇이었습니까? 유대교 박스 내부에 있는 사람뿐 아니라, 박스 너머 이방 모든 민족에게 복이 미치리라는 기쁜 소식, 즉 복음이었습니다. 바울은 성경의 거대한 서사를 훑어 가면서, 구약성경을 조목조목 인용해 가면서 이야기를 풀어냈습니다. 이제 바울은 아브라함 이야기에 이어, 유대인들이 매우 중요하게 여기는 출애굽의 모세와 율법이 갖는 의미를 하나하나 따져서 이야기하려 합니다.

　이번 본문 바로 앞에 나오는 3:14 전후 맥락을 보십시오. 우리는 여기서 아브라함의 복이 이방인에게 미치게 되고 누구든지 믿을 때 성령을 주시겠다는 약속을 확인했습니다. 그렇다면 우리에게는 당연히 다음과 같은 질문이 생길 수밖에 없습니다. 이 아브라함을 통한 언약의 약속을 430년 뒤에 생긴 율법이 무효로 만들거나 폐기하지 못한다면, 율법은 도대체 왜 존재하는 걸까요? 율법의 용도는 무엇일까요? 율법은 430년 전의 약속과 무슨 관계가 있을까요? 바울은 이어서 율법이 어떤 가치를 지니는지, 모세율법에 어떤 한계가 있는지를 이야기합니다. 갈라디아 교인들이 이해할 수 있도록 차근차근 논증을 펼칩니다. 이것이 본문 내용입니다.

바울은 율법이 원래 무가치한 것이라고 주장하지 않습니다. 율법에는 일정한 가치가 있습니다. 동시에 율법에는 명백한 한계가 있습니다. 율법의 가치와 한계가 무엇인지 알아야 합니다. 이것을 혼동하면 이상하고 어리석은 일이 생깁니다. 율법의 가치와 한계를 모르는 유대교 출신의 어떤 사람들이 갈라디아 성도들을 홀리는 주장을 펼쳐서 문제가 발생했습니다. 모세가 준 율법의 가치가 마치 영원한 것처럼 주장했기 때문입니다. 율법을 행하는 일 자체를 신앙 목표로 삼는 어리석은 가르침을 갈라디아 교회에 심고 있었습니다.

바울이 비판한 시대착오적 가르침

이처럼 율법을 강조한 주장이 갈라디아 성도들에게 어리석은 것은 시대착오적 가르침이기 때문입니다. '시대착오'라는 말을 어떤 상황에서 씁니까? '지금 때가 어느 때인데, 그런 생각과 말과 행동을 하는가?'라고 인식하게 될 때 사용합니다. 요즘 가부장적으로 말하거나 행동하면, 사람들이 "시대착오적이다"라고 반응하듯이 말입니다. 가만 보면, 본문에서 바울이 율법의 가치와 한계를 이야기하며, 명시적으로든 암시적으로든 "때"와 관련한 언급을 빈번하게 한다는 사실을 관찰할 수 있습니다. 강조해서 표시하면 이렇습니다.

> "율법은 약속을 받으신 **그 후손이 오실 때까지** 범죄들 때문에 덧붙여 주신 것입니다."(3:19) "**믿음**(신실함)**이 오기 전**에는 우리는 율법의 감시를 받으면서 장차 올 **믿음**(신실함)**이 나타날 때까지** 갇혀 있었습니다."(3:23) "그래서 율법은, **그리스도께서 오실 때까지**, 우리에게 개인 교사 역할을 하였습니다."(3:24)

율법은 어떤 시점까지 특정한 역할을 맡고 있다는 점에서 가치가 있습니다. '어떤 시점'이란, 예수 그리스도의 신실하심을 믿는 사람들을 의롭게 여겨 주신다는 약속, 모든 인류를 그 약속의 자녀이자 상속자로 하나같이 부르신다는 사실이 드러날 때를 말합니다. 율법은 그때까지 마치 미숙한 어린아이를 감시하거나 훈육하는 개인 교사와 같은 역할을 했습니다.

시대가 바뀐 지금까지도, 율법이 이와 같은 역할을 계속한다고 생각한다면 시대착오적입니다. 이유는 간단합니다. 유치원 선생님이 아이를 대할 때 곧잘 쓰는 말투로 다 자란 어른을 어르거나 겁박하듯이 다룰 수 있습니까? 그것이야말로 코미디가 아니고 무엇이겠습니까? 말하자면, 유대교 율법을 강조하는 사람들이 펼치는 주장이 이렇습니다. 한마디로 때를 분별하지 못하는, 시대착오적이고 어리석은 주장입니다. "때"와 관련한 표현은 4:1-9에도 이어집니다. 바울은 이전의 때와 지금의 때를 대조하고 있습니다.

> **"어릴 때에는 종과 다름이 없고"**(4:1) **"아버지가 정해 놓은 그 때까지는 보호자와 관리인의 지배 아래에 있습니다."**(4:2) **"이와 같이, 우리도 어릴 때에는, 세상의 유치한 교훈 아래에서 종노릇을 하였습니다."**(4:3) **"그러나 기한이 찼을 때에, 하나님께서는 자기 아들을 보내셔서"**(4:4) **"그러므로 여러분 각 사람은 이제 종이 아니라 자녀입니다."**(4:7) **"그런데 전에는 … 종노릇을 하였지만"**(4:8) **"지금은, 여러분이 하나님을 알 뿐만 아니라, 하나님께서 여러분을 알아주셨습니다. 그런데 어찌하여 … 종노릇하려고 합니까"**(4:9)

어릴 적 경험으로 몸에 밴 습관은 무섭습니다. 학자들은, 그레코로만시대 당시 귀족들과 왕족들이 자기 자녀들을 일종의 튜터들에게 맡겼다고 말합니다. 이는 시대정신과 삶의 기본 체계('스토이케이아', 4:3 "세상의 유치한 교훈" 4:9 "유치한 교훈"으로 번역)를 갖추게 하기 위한 조치였습니다. 신분상 노예나 종이 선생을 맡았는데, 교육 목적에서 학생들을 매우 엄하게 가르치거나 심지어 체벌을 가하기도 했다고 합니다. 겉으로 드러난 모습으로만 따지면, 귀족이나 왕족의 자녀들이 오히려 노예나 종처럼 보일 정도였습니다.

그러나 훈육 기간이 끝나면, 자녀들은 귀족이나 왕족의 대를 이을 상속자로 인정받아 전세가 역전되었습니다. 상속자들이, 자신들을 가르친 교사들의 주인이 되는 것입니다. 그런데 이들이 주인이 되고 나서도 어릴 적에 자신들을 보호해 주고 관리해 준 교사들을 여전히 두려워한다면 어떻겠습니까? 자기도 모르게 교사들이 시키는 대로 종처럼 행동한다면, 이보다 어리석은 사람은 없을 것입니다.

유대인에게는 율법이 그랬습니다. "세상의 유치한 교훈"(4:3)이지만, 율법 아래에 놓인 시기에 율법은 시대정신, 스토이케이아, 세상의 기본 원리를 가르치는 보호자이자 관리인이었습니다. 바울이 4:8-9에서 갈라디아 성도들을 향해 "하나님이 아닌 것들"에 종노릇했다고 표현한 이유도 마찬가지입니다. 갈라디아 이방인들도 자신들이 살던 세계의 기본 원리, 스토이케이아로 불리는 것들(지금 우리 시대로 보면, 사주팔자·타로·점성술 등) 아래에 노예로 살았습니다. 이제 삼위 하나님을 통해 노예 신분에서 속량을 받아, 자녀이자 상속자이자 주인으로 신분이 바뀌었는데도 다시 종처럼 행동하려는 것입니다.

시대정신, 스토이케이아 곧 유대교의 종, 율법의 종, "무력하고 천하고 유치한 교훈"의 종이 된다면 심히 어리석은 것입니다. 바울은 유대교 출신들이 늘어놓은 주장을 시대착오적이라고 받아칩니다 (3:19-29). 그러면서 갈라디아 성도들이 이 주장에 홀리면 다시금 시대착오적인 모습으로 돌아갈 수밖에 없다고 이야기합니다(4:1-9).

'매개의 변증법'을 넘어서

여기서 우리가 주목할 지점이 하나 더 있습니다. 바울은 본문에서 모세와 율법의 한계를 가장 정확히 표현하는 중요한 단어를 일부러 사용하는 듯합니다. 우리가 3:19-21에 반복되는 표현을 찾아보면, "중개자"(mediator, *mesites*)라는 단어와 만납니다. 이 중개자 혹은 중보자가 누구를 가리키는지 우리는 모두 짐작하고 있습니다. 바로 모세입니다. 3:19 하반절은 이렇게 읽을 수 있습니다. "그것(율법)은 천사들을 통하여, 한 중개자(모세)의 손으로 제정되었습니다."

문제는 3:20입니다. 갈라디아서를 연구하는 학자들 대부분이 가장 해석하기가 힘들다고 인정하는 구절들 중 하나입니다. "그런데 그 중개자는 한쪽에만 속한 것이 아닙니다. 그러나 하나님은 한 분이십니다"라는 말씀에서 중개자 옆에 모세를 적어 넣으면 어떻게 해석될까요? 무슨 소리를 하는지 금방 이해되지 않습니다.

학자들 견해를 참조하면, 톰 라이트는 "모세는 하나님이 늘 원하셨던 '한' 가족을 탄생시키는 중재자가 될 수 없었다. 그러나 하나님은 한 분이시므로 그분은 여러 가족이 아니라 한 가족을 바라신다. … 율법은 적어도 두 가족을 탄생시킬 것이다"(《모든 사람을 위한 갈라디아서 데살로니가전후서》, 66-67쪽)라고 해석합니다. 이는 갈라디아서 3:28과 연결되는 해석으로 보이기도 합니다. "유대 사람도 그리스 사람도 없으며, 종도 자유인도 없으며, 남자와 여자가 없습니다. 여러분 모두가 그리스도 예수 안에서 하나이기 때문입니다."

존 스토트는 신학자 스티븐 닐 감독을 인용하면서 설명합니다. "약속은 하나님으로부터 아브라함에게 직접 임했다. 그러나 율법은 백성들에게 두 단계를 거쳐 임한다. 이것이 하나님은 한 분이시니라는 말의 의미일 것이다."《갈라디아서 강해》, IVP, 110쪽) 유진 피터슨도 비슷한 의미로 받아들였는지, 3:20을 이렇게 번역합니다. "그런데 시내산에서처럼 중개자가 있다면, 사람들이 하나님과 직접 교제하는 것은 아니지 않습니까? 믿음으로 받는, 복에 관한 첫 약속은 하나님이 직접 주신 것입니다."《The Message》, 복있는사람, 2168쪽)

학자들 견해를 봐도, 부분적으로만 고개를 끄덕일 따름입니다. 온전히 이해되지는 않습니다. 저는 오랜 고민과 묵상 끝에 다음과 같은 이해에 도달했습니다. 갈라디아서 3:20을 헬라어 원어 성경으로 보면, "ὁ δὲ μεσίτης ἑνὸς οὐκ ἔστιν, ὁ δὲ θεὸς εἷς ἐστιν"(호 데 메시테스 헤노스 욱 에스틴, 호 데 데오스 헤이스 에스틴)입니다. 직역하자면 다음과 같습니다. "그런데 그 중재자는 유일한 한 분에 속한 것이 아니지만 하나님은 유일한 한 분이시다." 우리는 3:20 뒷부분 "하나님은 한 분이십니다"라는 대목에서 신명기 6:4-5을 떠올리게 됩니다. 유대인들이 항상 암송하는 유명한 구절인 '쉐마'입니다. "이스라엘은 들으십시오. 주님은 우리의 하나님이시요, 주님은 오직 한 분뿐이십니다. 당신들은 마음을 다하고 뜻을 다하고 힘을 다하여, 주 당신들의 하나님을 사랑하십시오."(신 6:4-5)

이제 쉐마를 염두에 둔 채로 갈라디아서 3:20을 앞뒤 문맥에 맞게 번역해 봅시다. "중개자는 중개자일 뿐 유일하신 한 분 하나님은 아니며, 유일하신 한 분 하나님과 비교되지 않는다." 바꿔 말하면, 오직 한 분이신 하나님만이 신앙의 대상이자 목적이라는 뜻입니다. 중개자 모세는 그 대상과 목적이 아니라는 말입니다. 모세는 중개자일 뿐입니다. 모세는 실체도, 목적도 아닙니다. 중개자는 중개자일 뿐입니다. 중개자가 신앙의 대상이자 목적이 되는 순간, 전부 어그러지고 맙니다.

율법도 마찬가지입니다. 율법은 구원을 주지 않습니다. 다만, 율법은 우리가 범죄들을 보고서 인간에게 구원이 필요하다는 사실을 알게 해 주는 중재자이자 매개일 뿐입니다. 유대인도 마찬가지입니다. 하나님은 모든 민족에게 복을 주시려는 의도로 유대인을 택하셨습니다. 유대인은 복을 전달하는 중개자일 뿐입니다. 유대인 자체가 목적이 될 수 없습니다.

이렇듯 저는 바울이 '중개자'라는 말을 매우 의도적으로 사용했다고 봅니다. 백종국 교수님이 이 생각을 '매개의 변증법'이라는 말로 정리하셨습니다. 매개의 변증법이란 무엇일까요? 인간 사회는 발전할수록 매개 관계를 확대해 나갑니다. 문제는, 매개 관계엔 언제나 원래 목적, 본질에서 벗어나려는 경향이 있다는 사실입니다.

화폐에 대한 이야기를 예로 들 수 있습니다. 인간은 인간과 재화의 관계를 매개하고자 화폐를 만들었습니다. 그랬더니, 나중에는 매개

역할을 맡은 화폐가 인간과 재화의 관계를 넘어서는 일이 발생합니다. 화폐가 그 자체로 목적이 되어 버립니다. 다른 예로는, 국가와 국민의 매개 역할을 하는 정치인, 공무원, 시민·비영리 단체 실무자들을 생각할 수 있습니다. 이들이 자신들의 존재를 매개나 수단으로 여기지 않고, 그 자체로 목적을 삼았을 경우입니다.

이것을 매개의 변증법이라고 합니다. 지금 우리가 모세와 율법을 다루면서 똑같이 발견할 수 있는 문제입니다. 매개가 스스로 목적이 되어 버리면 변질되면서 문제가 발생하는 법입니다. 사실 유대인들은 중개자 모세와 율법을 매개가 아닌 목적으로 여겼습니다. 그러다 보니, 심지어 예수를 믿고 나서도 이방인 출신들이 모여 있는 갈라디아 교회에 이것을 강요하고 있었습니다.

《하나님의 선교》와 《하나님의 백성의 선교》를 쓴 크리스토퍼 라이트는 '목표의 보편성'과 '수단의 특정성'이라는 표현으로 경계를 넘어서는 흐름을 설명했습니다. 아브라함과 그 자손, 모세와 이스라엘은 한 분 하나님 곧 보편적 하나님의 보편적 구원을 위해 특별한 수단으로 선택받았다는 말입니다.

갈라디아서 3:28처럼, 유대 사람과 그리스 사람, 종과 자유인, 남자와 여자의 구분 없이 모두가 그리스도 예수 안에서 하나가 되어 복을 누리게 되었습니다. 4:6처럼, 아들의 영을 받아 하나님을 아버지라 부르는 하나의 보편적 역사의 절정에 다다랐는데, 모세와 이스라엘은 이를 위한 특별한 수단(중개자)으로 선택받았습니다. 그런데 이들은 이 특별한 선택을 오해하여 자신들이 목적인 것처럼 착각해 하나님의 의도를 망가뜨렸습니다. 이처럼 수단이 목적이 되면, 전부 왜곡되고 맙니다.

바울은 갈라디아 성도들이 매개이자 수단인 모세와 율법에 현혹되거나 얽매이지 않기를 바랐습니다. 그래서 바울은 모세와 율법이 아니라, 한 분 하나님의 구원, 삼위일체 하나님께서 하시는 사역에 주목하도록 합니다. 구원과 복음의 전체 내러티브 속에서 모세와 율법을 볼 수 있게끔 애를 씁니다. 삼위 하나님의 원대한 이야기, 새로운 출애굽 관점에서 기존 출애굽과 모세라는 존재, 율법이 갖는 의미를 이야기합니다.

바울은 3:26-29에서 한 분이신 삼위일체 하나님의 자녀들로서 그리스도 예수 안에서 하나 되는 일은 중재자 모세나 율법 때문이 아니라고 말합니다. 모세 때문도 율법 때문도 아니고, "믿음으로 말미암아" 모두가 세례를 받아서 "그리스도와 하나"가 되었기 때문이라는 것입니다. 이는 모세와 율법을 목적화하는 유대교적 한계를 뛰어넘는 일입니다. 갈라디아 성도들이 이미 그리스도 예수 안에서 인종, 신분, 성별을 초월한 상속자에 들어 있다는 사실을 상기합니다.

그 후 바울은 4:4-7에서 다시금 한 분 하나님이 삼위로 존재하시며 사역하신다는 아름다운 삼위일체적 그림을 묘사합니다. 삼위로 존재하시는 한 분 하나님은 성도들을 상속자로 삼기 위해 성실하고 완벽하게 일하십니다. 성부 하나님은 보내시고, 성자 예수 메시아는 보냄을 받아 우리를 속량하셔서 자녀의 자격, 상속자의 자격을 얻게 하십니다. 성령 또한 성부에게서 우리 마음으로 보냄을 받아, 유대인 뿐 아니라 이방인인 우리가 하나님을 '아빠, 아버지'라고 부를 수 있게 하십니다.

삼위일체 하나님의 선교를 통해 경계 바깥에서 일어나는 새로운 출애굽, 구원이 하나님의 목적입니다. 이것이 곧 "하나님은 한 분이십니다"(3:20)라는 고백의 요체입니다. 나머지는 이를 위한 수단, 매개, 중개자입니다.

하나님의 선교 관점에서 생각하라 ————

바울은, 갈라디아 성도들이 그들의 교회를 어지럽히는 잘못된 가르침에 담긴 시대착오적 오류와 매개의 변증법을 극복할 수 있도록 돕고자 합니다. 바울이 이를 위해 제시하는 것은 한 분 하나님의 선교 이야기, 삼위 하나님의 새로운 출애굽 내러티브입니다. 성서는 삼위일체 하나님의 선교 관점에서 읽어야 합니다. 그렇게 읽어 나갈 때 우리는 하나님의 일하심에 참여하는 사람들로 형성됩니다. 삼위일체 하나님의 선교라는 내러티브, 구원과 복음의 큰 그림을 가지면 시대착오에 빠지지 않습니다. 수단과 목적, 매개와 목표를 망각하지 않을 것입니다.

하나님은 언제나 하나님의 백성보다 먼저 행하시고 먼저 일하십니다. 이런 하나님의 일하심을 하나님의 선교라고 합니다. 하나님의 선교는 우리에게 때에 대한 감각이 있어야 한다고 가르칩니다. 우리는 종종 한국 기독교가 시대착오적인 자리에 서 있다고 생각합니다. 유대인들처럼 한국 기독교가 박스 내부에 갇혀서 생각하는 모습을 볼 때 그렇게 느낍니다. 하나님이 교회와 교회를 다니는 신자들만 사랑하신다고 생각하고 있는 것은 아닌지 우려스럽습니다.

교회는 분명 하나님 나라의 수단이자 매개로서 중요합니다. 그런데 이 교회가 지닌 가치나 효용성에 한계가 없다고 이해하면 큰 오산입니다. 교회가 "생명을 줄 수 있는 것"(3:21)처럼 생각한다거나 주장하면, 본문에서 보듯이 유대교적 오류에 빠지고 맙니다. 이 같은 사고방식에서도 마찬가지로 매개의 변증법이라는 문제가 발생합니다. 교회는 세상과 하나님 사이의 매개자이자 중재자로서 가치가 있습니다. 그러나 교회는 자칫 교회 자체를 목적으로 삼을 수 있습니다. 자신이 목적이 되려 하는 것, 그것이 문제입니다.

한 분이신 하나님, 삼위로 구원을 이루시고 드러내시는 삼위일체 하나님은 지금도 세상 가운데 일하십니다. 세상의 시대정신, 스토이케이아 아래서 종노릇하는 이들을 새로운 출애굽으로 이끌기 위해 열심히 일하십니다. 종노릇 가운데 있는 이들을 속량하고, 자녀의 자격을 얻게 하고, 아빠 아버지라고 부를 수 있도록 하기 위해, 삼위 하나님은 보내시고 보내심을 받습니다.

이런 보내심, 보냄 받음을 선교(mission)라 합니다. mission이라는 단어는 '보내다'를 뜻하는 라틴어 *mitto*의 명사형 *missio*로부터 왔습니다. 이 하나님의 보내심을 통한 하나님의 선교가 우리의 사명이며, 목적이자 목표입니다. 하나님의 선교를 위한 모든 프로그램, 프랙티스(행동/활동), 프로세스는 쓰임을 받는 도구이자 수단, 매개일 뿐입니다. 모든 시대에 존재하는 프로그램, 프랙티스, 프로세스는 하나님의 선교라는 대의와, 늘 새로운 시대에 새로운 출애굽을 위한 하나님의 일하심이라는 관점에서 재고되어야 합니다.

어떤 시스템이나 프로그램, 단체나 사람도 그 자체를 목적으로 삼아서는 안 됩니다. 다시금 시대정신의 노예, 스토이케이아의 종으로 사는 어리석음에 빠지게 되기 때문입니다. 이전 시대와 세대에서 사용되던 형식, 시스템, 프로그램에도 각각 역할이 있었습니다. 그러나 이것들을 매우 중요하고 필수적이라고 인식해 강요하기 시작하면, 종노릇을 하는 방향으로 갈 수밖에 없습니다.

우리가 살아가는 이 시대가 선호하는 형식, 시스템, 프로그램에도 각 역할과 가치가 있습니다. 이때 우리가 명심해야 할 한 가지는 하나님의 일하심입니다. 삼위 하나님은 지금도 새로운 시대를 여시면서 경계를 넘어 새로운 출애굽을 끊임없이 행하고 계십니다. 우리가 언제든지 하나님의 선교 관점에서 우리 자신과 교회 공동체를 돌아봐야 하는 이유입니다.

6

제자 훈련

형성(Formation)으로서 제자 훈련

갈 4:10-5:1

한국 기독교는 강력한 제자 훈련을 받았지만, 사람들에게 배제와 혐오를 일삼는 집단으로 이해되고 있습니다. 종이 아닌 자유인을 만드는 제자 훈련을 위해 필요한 것은 무엇일까요?

_____

5:1 그리스도께서 우리를 해방시켜 주셔서, 자유를 누리게 하셨습니다. 그러므로 굳게 서서, 다시는 종살이의 멍에를 메지 마십시오.

한국 교회의 '제자 훈련', 무엇이 문제였을까

한때 한국 교회에는 '제자 훈련' 열풍이 불었습니다. 여기에는 1970-
1980년대 선교 단체들로부터 받은 영향도 있습니다. 하지만 한국 교
회 전체가 '제자 훈련'이라는 말에 익숙해진 시점은 대형 교회들이
제자 훈련 프로그램을 도입하면서부터였습니다. 온누리교회 하용조
목사님의 '일대일 제자 양육', 사랑의교회 옥한흠 목사님의 '평신도
를 깨운다' 과정 등, 코스별·단계별 제자 훈련 프로그램이 널리 퍼졌
습니다. 일정 코스나 과정을 끝내면 제자 훈련을 마쳤다고 쉽게 이야
기하던 시절이었습니다.

성경 공부 교재로는 한국네비게이토선교회가 펴낸 '그리스도인
의 생활 연구'(SCL, Studies in Christian Living) 시리즈와 '그리스도의 제
자가 되는 길'(DFD, Design For Discipleship) 시리즈, 한국대학생선교회
(C.C.C.)가 펴낸 '10 STEP CCC 10단계 성경 교재' 등이 있었습니다.

캠퍼스 선교 단체들은 이런 교재를 통해 단계를 밟아 가며 제자도를 훈련하는 것으로 유명했습니다. 이 시스템은 교회로 상당 부분 옮겨 갔고, 많은 사람이 단계를 거치는 성경 공부를 제자 훈련의 핵심 요소라고 생각하게 되었습니다.

무엇보다 제자 훈련을 할 때 단계를 거치는 과정에서 리더에게 순종하라고 강조했습니다. 숙제를 부과해서 강력하게 점검해야 좋은 제자 훈련이라고 생각했습니다. 리더가 의도한 대로 지시에 따르지 않으면 다음 단계로 넘어가지 못하도록 막는 것을 좋은 제자를 만드는 방법이라고 여겼습니다.

제자 훈련 이전 세대가 단순한 유교적 윤리 의식 혹은 전통적 생각을 바탕으로 목회자에게 순종하는 일을 자연스럽게 받아들였다면, 제자 훈련 세대는 나름대로 합리적·이성적 과정을 거쳤다는 점에서 조금 달랐습니다. 물론 그렇다고 해도, 동일한 효과를 기대했다는 측면에서는 유사했습니다. 제자 훈련은 리더에게 순종하고, 리더의 리더라고 할 수 있는 목회자에게 순종해야 한다는 의식을 강화하는 방향으로 진행되었습니다.

제자 훈련을 나쁘게만 평가할 수는 없습니다. 유익이 없었다고 한다면, 그 또한 치우친 견해에 지나지 않습니다. 제자 훈련을 통해 개인적으로, 공동체적으로 성숙을 경험하기도 했습니다. 제자 훈련을 도입한 교회들이 양적 부흥을 이루어 내기도 했고, 제자 훈련에 임한 개인들이 하나님과 더 깊은 관계로 나아가기도 했습니다.

그러나 새로운 세기로 접어들면서, 더 정확히는 지난 세기의 말부터 이미 제자 훈련의 효과에 대한 의심이 곳곳에서 싹트기 시작했습니다. 지난 제자 훈련들이 과연 진짜 하나님의 제자, 곧 하나님 나라를 현현하는 제자를 양성했는지에 대한 의심이었습니다.

제자 훈련을 그렇게나 강조한 이른바 강남 기독교가 보여 주는 현실을 보면, 부정적으로 평가하게 됩니다. 제자 훈련을 통해 교회는 부흥했을지 몰라도, 세상을 섬기고 변화시키는 진짜배기 제자들은 만들어 내지 못했다는 것입니다. 교회 내부나 기독교 신앙 안에서는 괜찮고 근사한 사람들이 되었을지 모르지만, 교회라는 박스를 넘어 세상 가운데서 이어지는 하나님의 일하심에는 부응하지 못했습니다. 오히려 타인에게 배타적이고 윤리적으로 천박하다고 평가받는 상황입니다.

무엇이 문제일까요? 어디서부터 잘못됐을까요? 어떻게 해야 할까요? 문제의식에 해답을 제공할 실마리를 갈라디아서 본문을 통해 생각해 보겠습니다.

'평화의 사람들'이었던 갈라디아 성도들

우리는 앞서, 아브라함의 언약과 복이 어떻게 이방인에게 미치게 되었는지와, 모세의 율법이 지닌 가치와 한계가 무엇인지를 매우 날 선

논리로 이성적으로 펼쳐 내던 바울을 보았습니다. 그렇게 자신의 주장을 예리하게 이어 가던 바울이었는데, 이번 장 본문인 갈라디아서 4:10부터 갑자기 분위기를 바꿉니다. 4:10-20에 이어지는 바울의 목소리 톤은 사뭇 부드럽습니다.

특히 바울이 정서적 단어를 사용하는 모습을 볼 수 있습니다. '염려'와 '당황'을 글로 표현합니다. 애틋하고 아련하고 안타까운 감정이 묻어나는 정서가 구절구절 복합적으로 드러납니다. 존 스토트는 이 대목을 이렇게 평가했습니다. "갈라디아서 1-3장에서 우리는 사도 바울, 신학자 바울, 믿음의 변증가 바울의 이야기를 들었다. 하지만 이제 우리는 인간 바울, 목자 바울, 영혼을 뜨겁게 사랑하는 사람 바울의 말을 듣는다."(《갈라디아서 강해》, 140쪽) 바울은 4:19-20에서 목소리 톤을 부드럽게 바꾼 이유를 설명합니다.

> 나의 자녀 여러분, 나는 여러분 속에 그리스도의 형상이 이루어지기까지 다시 해산의 고통을 겪습니다. 이제라도 내가 여러분을 만나 어조를 부드럽게 바꾸어서 말할 수 있으면 좋겠습니다. 나는 여러분의 일을 어떻게 하면 좋을지 당황하고 있습니다.

여기서 바울은 갈라디아 교회 교인들을 '자녀'라고 부릅니다. 자기 배로 낳은 아이가 자라서 사춘기가 되어 엇나갈 때, 엄마가 애틋하고 안타까운 마음으로 그 아이를 어르고 달래는 모습처럼 보입니다. 선교 여행에서 갈라디아 사람들을 만난 바울은 "해산의 고통"이라고 표현할 만한 과정을 거쳐 그들을 낳았습니다. 바울에게 갈라디아 교회는 "나의 자녀"들이 있는 곳입니다.

바울이 갈라디아 교회 교인들을 자녀들로 생각했다면, 직접 만나서 좀 더 부드러운 어조로 타이를 수도 있었을 것입니다. 그런데 지금 당장 갈 수가 없고, 서로 멀리 떨어져 있는 상황이었기 때문에 어쩔 수가 없었습니다. 바울은, 이런 와중에 갈라디아로부터 매우 당황스러운 소식이 들려오니까 처음부터 세게 말할 수밖에 없었다고 이야기하고 있습니다.

바울이 이상하다 싶을 정도로 갑작스럽게 분위기를 바꾸어 애틋하고 안타깝게 말하는 이유는 4:12-15에서 알 수 있습니다. 갈라디아 교회 교인들은 워낙에 좋은 사람들이었습니다. 이들은 처음부터 바울을 각별하게 대했습니다. 바울은 자기 육체가 병들어서 갈라디아 성도들에게 복음을 전하게 된 만남의 계기가 생겼다고 말합니다.

사도행전 14:19 이하에 기록되었듯이, 어쩌면 선교팀을 방해하려고 쫓아다니며 심지어 돌까지 던진 유대인들에 의해 바울이 크게 상처를 입은 상태였을지도 모릅니다. 갈라디아 사람들이 상처투성이인 바울을 만났고 영접해 주었을 가능성이 있습니다. 갈라디아서 4:15의 눈에 관한 내용을 고려한다면, 고린도후서 12:7에 나오는 바울이 육체에 지닌 가시를 안질로 보는 견해도 있으니, 어쩌면 갈라디아 사람들이 바울을 처음 만났을 때 바울 눈에 병이 난 상태였을 수도 있습니다.

아무튼 갈라디아 사람들은, 바울이 연약한 육체를 갖고 있었는데도 그를 환대했습니다. 심지어 바울과 바나바를 천사처럼, 예수처럼 영접해 주었다고 말합니다. 이 구절은 사도행전 14장에 기록된 사건, 바울이 루스드라에서 발 못 쓰는 사람을 고쳐 주어서 바울과 바나바가 각각 헤르메스와 제우스라고 불리었던 일 때문에 나온 말일 수도 있습니다.

갈라디아 사람들은 본디 관대하고 온유하고 평화로운 사람들이었습니다. 사람을 외모로 판단하지 않았습니다. 예수님이 누가복음 10장에서 제자 70명을 둘씩 짝지어 보내실 때, 어떤 동네로 가든지 '평화의 사람들'을 만나라고 하셨습니다. 바울과 바나바의 선교팀이 만난 갈라디아 사람들이 바로 '평화의 사람들'이었습니다.

바울과 갈라디아 성도들이 '원수' 된 이유

그리스도인이 아닐 때도 평화의 사람들이었던 갈라디아 성도들이 바울에게 편지를 받은 이 시점에는 어떻게 되었습니까? 바울이 선포한 복음을 받아들이고 그리스도의 제자로 살아간 지 제법 시간이 지났으면 더욱더 평화의 사람들이 되어 있어야 할 텐데, 4:16에 따르면 바울을 원수로 대하고 있습니다. 바울을 적대하고 있습니다. 바울은 자신이 진실을 말하고 있어서 오히려 적대하고 있느냐고 묻습니다. 갈라디아 성도들과 바울의 관계가 이렇게 된 이유가 무엇일까요?

바울은 4:17에서 "위에서 내가 말한 사람들" 때문이라고 밝히고 있습니다. 우리가 지금까지 보고 아는 것처럼, 이들은 유대교 출신 그리스도인들입니다. 이들이 갈라디아 교회 교인들을 설득하고 압박하여 유대교적 박스 안으로 들어오라고 권유하고 있습니다. 이들 때문에 이미 교인들 중 일부는 유대교적 규례를 준수하고 있었습니다. 바울이 4:10에서 "여러분이 날과 달과 계절과 해를 지키고 있으니"라며 현재 상황을 말하고 있습니다. 종교는 대부분 신앙 정체성을 "날과 달과 계절과 해"처럼 눈에 보이고 손에 잡히는 틀(여기서는 시간적 흐름)을 따라 표현하도록 하는 경향이 있습니다. 사실 유대교가 특별히 더 그런 경향이 있기도 합니다.

바울이 바로 앞 구절 4:8-9에서 말하는 내용을 떠올려 봅시다. 갈라디아 교회 교인들이 하나님이 아닌 것들에 종노릇할 때는 가시적 종교의 틀인 "무력하고 천하고 유치한 교훈"의 종으로 있었습니다. 그런데 복음을 받아들이고 나서도 다시금 그와 유사한 유대교 율법을 준수하는 방식으로 되돌아가 또다시 종노릇하고 있는가, 바울이 문제 제기하는 상황이었습니다.

자유가 아닌 '규칙과 법규들'을 따르는 훈련

갈라디아 교회에 들어와 바울을 적대하게 만든 사람들은 어떻게 갈라디아 성도들을 도전하고 훈련했습니까? 바울은 4:17에서 말합니다. "위에서 내가 말한 사람들이 여러분에게 열심을 내는 것은 좋은 뜻으로 하는 것이 아니라, 여러분을 내게서 떼어놓아서, 여러분으로 하여금 자기네들을 열심히 따르게 하려고 하는 것입니다."

첫째, 이들은 열심을 내어 갈라디아 사람들을 가르치고 훈련했습니다. 흥미로운 대목이라고 할 수 있습니다. 참되고 좋은 것을 위해서도 열심을 낼 수 있지만, 그렇지 않은 것을 위해서도 열심을 낼 수 있습니다. 다른 복음을 전하는 많은 이단에서 발견할 수 있는 열심을 생각해 보면 쉽게 이해할 수 있을 것입니다. 열정적인 태도로 열심을 낸다고 다 좋은 게 아닙니다. 방향이 올바른지가 중요합니다.

둘째, 이런 가르침과 훈련은 분리하는 특성이 있습니다. 바울이 "여러분을 내게서 떼어놓아서"라고 표현했듯이, 관계를 떼어 놓습니다. 편을 가릅니다. 4:14의 표현을 빌려 오면, 배운 내용과 다른 것을 멸시하고 외면하게 만듭니다. 상대가 누구든지 순수하고 따뜻하게 대하던 사람들을 이렇게 바꿔 놓았습니다.

셋째, 가르치고 훈련한 사람들을 열심히 따르게 하려는 데 목적이 있습니다. 열심을 내고 편을 가르는 이유는 자신들을 따르게 하기 위해서입니다. 이들은 갈라디아 사람들을 율법에 종노릇하게 할 뿐 아니라, 자신들을 따르게 하여 자신들의 종으로 만들려는 것입니다. 존 스토트가 설명한 내용이 도움이 됩니다. "기독교가 그리스도 안에 있는 자유로 여겨질 때 그리스도인들은 자신의 인간 교사들에게 복종하지 않는다. 그들은 그리스도 안에서 성숙하고자 하는 야망을 갖고 있기 때문이다. 하지만 기독교가 규칙과 법규들에 대한 속박이 될 때, 그 희생자들은 중세에 그랬듯 자신의 교사들에게 종속되어 그들이 하라는 대로 따르게 된다."(《갈라디아서 강해》, 146쪽) 그리스도가 아닌 자신들에게 종속된 채 복종하기를 원하는 이들은 "그리스도 안에 있는 자유"가 아닌 "규칙과 법규들"을 따르도록 몰아세웁니다.

바울이 지향한 제자 훈련: 성육신과 동화 ──────

바울은 갈라디아 성도들을 어떻게 훈련했습니까? 바울은 말합니다. "형제자매 여러분, 내가 여러분과 같이 되었으니, 여러분도 나와 같이 되기를 바랍니다."(4:12) 바울은 먼저 갈라디아 사람들같이 되었습니다. 갈라디아 이방인들에게 성육신했습니다. 동화되었습니다.

인도 그리스도인 P. T. 찬다필라는 얇지만 강력한 책《예수님의 제자 훈련》(IVP)에서 제자 훈련의 원리를 알려 줍니다. 예수님이 제자 훈련에서 우선시한 두 가지 덕목으로 "성육신"과 "동화"를 꼽고 있습니다. 예수님이 인간이 되어 세상에 오신 것처럼, 제자 훈련은 훈련받는 사람들 삶에 성육신해서 동화하는 리더를 통해 이뤄집니다. 바울도 예수님처럼 갈라디아 이방인들 삶에 성육신하여 동화되었습니다. 변화는 이럴 때 일어납니다. 이럴 때 "여러분도 나와 같이 되기를 바랍니다"라는 말이 통할 수 있습니다.

여기서 "나와 같이 되기를 바랍니다"라는 말은, 앞서 언급한 잘못된 동기를 따르는 훈련과 다릅니다. 바울이 지적한 "자기네들을 열심히 따르게 하려고 하는 것"(4:17)과 다릅니다. 다른 점은 그 결과와 열매입니다. 이들은 바울과 달리, 복종을 강조하고, 규칙과 법규를 세워 종의 사람, 종의 자녀로서 종노릇하게 만듭니다.

바울은 여기서 자신과 같이 되는 것을 그리스도를 닮아 가는 삶과 연결합니다. 바울 자신이 아니라 그리스도를 목표로 삼게 합니다. 바울은 말합니다. "나의 자녀 여러분, 나는 여러분 속에 그리스도의 형상이 이루어지기까지 다시 해산의 고통을 겪습니다."(4:19) 자신의 열정, 열심, 수고를 "다시 해산의 고통을 겪습니다"라고 표현하고 있습니다. 바울의 수고에는 방향이 있습니다. 바울이 가리키는 훈련의 바른 방향은 무엇입니까? "여러분 속에 그리스도의 형상이 이루어지기까지"(until Christ is formed in you)입니다.

형상을 이룬다는 표현은 '형성'(形成)이라는 단어로 바꿔서 이야기할 수 있습니다. 형상 形(형) 자에, 이룰 成(성) 자를 써서 '形成'(형성)이라는 단어에 형상을 이룬다는 의미가 있습니다. 다른 말로 formation입니다. 그리스도의 형상이란 무엇입니까? 여러 생각을 할 수 있겠지만, 우리가 다루는 갈라디아서의 맥락에서는 5:1을 통해 추론할 수 있습니다. "그리스도께서 우리를 해방시켜 주셔서, 자유를 누리게 하셨습니다. 그러므로 굳게 서서, 다시는 종살이의 멍에를 메지 마십시오."

그리스도는 우리를 해방하고 자유를 누리게 하시는 분입니다. 속박된 상태에서 해방되고 완전한 자유를 누리는 게 그리스도를 닮은 제자가 보여 주는 모습입니다. 요한복음 8:31-32을 보면, 이와 관련해서 예수님이 말씀하신 내용이 나옵니다. "너희가 나의 말에 머물러 있으면, 너희는 참으로 나의 제자들이다. 그리고 너희는 진리를 알게 될 것이며, 진리가 너희를 자유롭게 할 것이다." 제자는 진리로 자유로워진 사람들입니다. 그리스도 예수의 말에 머물러 있으면 진리를 알게 되고, 그로 인해 자유로워집니다.

제자가 된다는 것은, 그리스도의 형상이 이루어진다는 뜻입니다. 그리스도의 형상을 이루는 '형성으로서 제자 훈련'은, 자유로우신 그리스도처럼 진리로 자유롭게 되는 것입니다. 그리스도께서 온갖 종류의 멍에에서 우리를 해방하고 자유를 주셨기 때문에, 그 위에 굳게 서는 것이 제자 훈련입니다.

이어지는 4:21-31 해석은 쉬운 듯하면서 어렵습니다. 4:21부터는 4:10-20에 나타난 바울의 애틋한 정서가 보이지 않습니다. 분위기가 논증적으로 바뀝니다. 바울이 사용하는 논리 역시 쉽지 않습니다. 바울은 4:24에서 "이것은 비유로 표현한 것"이라고 말했습니다.

이 구절에서 '비유'는 영어로 allegory, 곧 '풍유'로 번역하는 단어입니다. 직유, 은유도 아닌 풍유는 무엇입니까? 비유법 중 하나인 풍유는 원관념을 뒤에 숨긴 채 보조관념으로만 대상의 본래 뜻을 암시하는 방법입니다. 풍유를 해석하려면 숨겨진 원관념이 무엇인지 찾는 일이 중요합니다. 다시 말해, 하고 싶은 말을 다른 것에 빗대어 효과적으로 드러내는 방식이 풍유입니다. 그러므로 하고 싶은 말이 무엇인지 잡아내는 작업이 관건입니다.

여기서 바울은 아브라함의 두 아들과 그 어머니들에 비추어서 자기가 하려는 말을 강조합니다. 아브라함의 두 아들이라고 하면 곧 이스마엘과 이삭입니다. 먼저 여종 하갈을 통해 이스마엘이 나왔고, 13년이 지나 부인 사라를 통해 이삭이 나왔다는 사실은 이 편지를 받는 누구나 잘 알고 있습니다. 유대교 관점에서 이스마엘과 이삭을 생각한다면, 이스마엘은 이방인의 조상이고, 이삭은 이스라엘의 조상이라고 할 수 있습니다. 바울은 이 주장을 본문에서 완전히 뒤집어 놓습니다. 이 전복적 논리를 따라가 봅시다.

바울은 4:24부터 "그 두 여자는 두 가지 언약을 가리킵니다"라는 식으로, 비유에서 말하는 원관념이 무엇인지를 하나하나 말해 줍니다. 두 언약은 곧 옛 언약과 새 언약입니다. 종이 될 사람을 낳은 여자 하갈, 율법의 출처로 이해되는 시내산, 그리고 "지금의 예루살렘"은 모두 옛 언약과 연결됩니다. 여기서 지금의 예루살렘은 갈라디아로 와서 이방인 그리스도인들을 홀리는 유대교 출신 그리스도인들의 근거지라고 할 수 있습니다. 반면, "하늘에 있는 예루살렘"은 자유인, 곧 약속받은 부인의 자녀로, 새 언약과 연결됩니다.

아마 유대인 교사 훈련가들은 뜻이 정반대인 메시지를 갈라디아 사람들에게 전했을 것입니다. '여러분은 이스마엘처럼 이방인입니다.' 그래서 갈라디아 사람들은 거짓 가르침에 마음이 흔들렸을 것입니다. 자유롭지 못했고, 종처럼 생각하고 행동해야 했습니다. "그러나 그 때에 육신을 따라 난 사람이 성령을 따라 난 사람을 박해한 것과 같이, 지금도 그러합니다."(4:29) 이 구절은 이방인 출신 갈라디아 성도들이 유대인 교사 훈련가들 때문에 처한 상황을 드러내고 있습니다.

바울은 갈라디아 사람들이 새 언약의 자녀들이라는 정체성을 붙잡고 굳게 서기를 원합니다. "형제자매 여러분, 여러분은 이삭과 같이 약속의 자녀들입니다."(4:28) "형제자매 여러분, 우리는 여종의 자녀가 아니라, 자유를 가진 여자의 자녀입니다."(4:31) 바울은 갈라디아 성도들에게 지금 종으로 살고 있는지, 아니면 자유인으로 살고 있는지 묻고 있는 것처럼 보입니다.

결국 바울이 하려는 말은 무엇입니까? "그리스도께서 우리를 해방시켜 주셔서, 자유를 누리게 하셨습니다. 그러므로 굳게 서서, 다시는 종살이의 멍에를 메지 마십시오."(5:1) 일상생활 성경 공부 그룹 엘비스클럽에서 함께 갈라디아서를 공부한 지체는 이 대목을 이렇게 정리했습니다.

> "오랫동안 성서를 억압과 차별, 배제를 정당화하는 방식으로 해석해 온 전통이 있었습니다. 바울은 오늘 억압받은 사람, 차별당한 사람, 배제된 사람을 위로하고 그들이 자신의 삶에 자긍심을 갖도록 성서를 다시 해석했습니다. 그는 전통에서 이탈한 전복적 성서 해석을 내놓고 있습니다. 바리새인으로, 정통의 해석을 훈련받은 바울이 어떻게 그럴 수 있었을까? 그것은 유대 중심적 협소한 세계를 벗어나, 선교적 상황에 처한 바울이 예수께서 온 민족에게 하신일을 보았기 때문입니다. 선교적 상황에서 얻은 관점, 그 새로운 관점, 미션얼 관점이 열쇠가 아닐까요?"

제자 훈련의 방향·목표·결과 ────

종의 자녀입니까, 자유인의 자유입니까? 이것은 제자 훈련이 가리키는 방향과 관계가 깊은 질문입니다. 그릇된 제자 훈련은 사람들을 종으로 만듭니다. 법칙과 규례, 율법주의를 따르는 종으로 만듭니다. 이끌고 훈련하는 리더의 종으로 만듭니다. 유대인 교사 훈련가들이 갈라디아 성도들에게 율법을 강요하면서 요구한 내용이 이것이었습니다.

반대로, 올바른 제자 훈련은 자유를 경험하도록 만듭니다. 진리가 주는 자유를 경험하게 합니다. 그리스도께서 주시는 해방과 자유를 경험하게 합니다. 진리의 말씀이신 그리스도의 형상이 이루어지기까지 해산의 수고를 거쳐 참된 자유를 경험하게 합니다. 바울이 갈라디아 성도들에게 처음부터 행했으며, 다시금 행하고 있는 가르침입니다. 이것이 형성으로서 제자 훈련입니다.

제가 30년간 사역한 캠퍼스 선교 단체 IVF가 지향하는 사역 목표는 '전도' '제자도' '선교'입니다. 그런데 IVF 국제 네트워크 IFES (International Fellowship of Evangelical Students)는 수년 전부터 이 목표들 가운데 '제자도'를 다른 단어로 바꿔서 표현하기 시작했습니다. 바로 Formacion(포마시옹, Formation)이라는 단어입니다. 이 변화에는 여러 의미가 함축되어 있습니다.

캠퍼스 선교 단체는 이성을 중시하는 근대의 산물이라고 할 수 있기에 제자도 중 많은 부분을 information, 즉 정보 전달에 초점을 맞추고 있었습니다. 많은 경우에 성경과 신앙 지식만 잘 갖추면 제자도가 저절로 함양되리라고 여겨 왔다는 사실을 자각하고 반성하기 시작했다는 말입니다. 물론 지식과 정보도 필요합니다. 하지만 정확히는, 지정의를 포함한 전인격이 공동체 가운데서 다양한 인격들과 관계를 맺으며 다양한 행습과 경험을 통해 참되게 빚어져 가는 것이 제자도입니다.

이와 같은 제자도에 대한 이해를 표현하는 단어가 Formacion입니다. 또한 이 단어에는, 어떤 코스나 단계를 거친다고 해서 제자로 완성되거나 제자도 함양이 마무리되지 않는다는 의미도 있습니다. 4:19에 나왔듯이, "그리스도의 형상이 이루어지기까지" 힘써야 한다는 제자도, 제자 훈련의 온전한 목표를 잘 담고 있는 단어입니다.

자유롭게 만드는 복음을 콘스탄티누스적 힘의 논리, 억압의 논리, 배제의 논리로 끊임없이 왜곡시키려는 가르침들이 있습니다. 우리는 복음을 왜곡하여 우리를 종의 자녀, 종으로 살게 하는 이런 가르침들을 매우 주의해야 합니다. 얼마나 열정을 쏟는지, 얼마나 열심히 하는지는 중요하지 않습니다. 방향이 중요합니다.

우리는 우리 아이들, 우리 지체들이 교회를 통해 복음을 듣고 생명을 얻고 신앙을 키운다고 했을 때 방향 설정을 어떻게 하고 있는지 물어야 합니다. 우리는 교육, 훈련, 양육을 통해 사람들을 자유롭게 만들고 있습니까? 아니면 사람들을 옥죄거나, 사람들에게 멍에를 지우고 있습니까? 우리는 교육, 훈련, 양육을 통해 사람들을 관대한 인격을 지닌 평화의 사람으로 형성하고 있습니까? 아니면 자신과 다르고 약한 이들을 멸시하고 외면하고 정죄하고 적대하는 인격으로 형성하고 있습니까? 사람을 자랑하고 사람을 따르게 만들고 있습니까? 아니면 예수 그리스도의 형상이 이루어지는 형성, formation을 목표로 삼고 있습니까?

7

영성
육체와 성령,
무엇을 따를 것인가

갈 5:2-26

육신을 극도로 억제하거나, 육신에 탐닉하고 살면서 교회에서는 독실하게 보이는 사람이 많습니다. 세상과 일상생활 가운데 그리스도인의 참된 영성은 어떤 모습이어야 할까요?

<hr />

5:17-18 육체의 욕망은 성령을 거스르고, 성령이 바라시는 것은 육체를 거스릅니다. 이 둘이 서로 적대관계에 있으므로, 여러분은 자기가 원하는 일을 할 수 없게 됩니다. 그런데 여러분이, 성령의 인도하심을 따라 살아가면, 율법 아래에 있는 것이 아닙니다.

우리 시대의 다양한 영성(Spirituality) 이해 ————

요즘, '영성'이라는 단어가 너무 많이 사용되고 있습니다. 거의 모든 곳에 쓰일 수 있는 단어가 된 것 같습니다. 특히 서구에서는 그동안 강조되었던 지성, 감성에 대비되는 의미로 사용하기도 합니다. 하워드 가드너는 다중지능이론에 영성 지능의 가능성을 포함하기도 했습니다. 이 이론에서 말하는 영성 지능은 인간 존재에 대한 근본적 질문을 던지게 합니다. 그리하여 자신의 존재 의미와 삶의 실존적 의미, 인생의 참된 가치가 무엇이며, 이를 발견하고 구현하기 위해 어떤 인생을 살아야 할지 깨닫게 하는 능력이라고 할 수 있습니다.

또한 '영성'은 불교 영성, 뉴에이지 영성, 요가 영성, 유대교 영성, 카발라 영성이라는 단어처럼 다양한 종교와 영적 체험과 관련해서 사용되기도 합니다. 그래서 영성이라는 단어를 사용하는 데 부정적 견해를 내비치는 분도 많습니다. D. A. 카슨은 이렇게 말했습니다.

"영성은 정의도 분명하지 않고 실체도 없는 것이 되어 버렸다. 그것은 이전 세대의 그리스도인들이라면 잘못된 현상으로 여겼을 것들, 심지어 그들이 '이교' 혹은 '우상숭배'라고 저버렸을 현상까지도 다 포함하고 있다."(클라우스 이슬러, 《주님과 거닐다》, IVP, 30쪽에서 재인용)

영성이라는 단어에 대한 경계심이 지나쳐서, 이 단어를 쓰는 모든 사람을 의심하고 이교적이라고 비판하는 분도 있습니다. 영성이라는 단어를 쓴다는 이유로, 위대한 영성가 헨리 나우웬은 말할 것도 없고, 유진 피터슨이나 달라스 윌라드 등도 이교적이라고 비판하는 경우를 보았습니다. 그래서인지 존 스토트는 언젠가 영성이라는 단어보다, 같은 의미를 담은 '제자도'라는 단어를 사용하면 좋겠다고 조심스럽게 제안하기도 했습니다.

영성: 성령과 관련한 그리스도인의 삶 ⎯⎯⎯⎯

그런데도 이 본문에서 영성이라는 단어를 떠올리는 데는 이유가 있습니다. 영성은 영어로 spirituality라고 표기하는데, 이 단어가 삼위일체 하나님의 한 위격이신 성령님(Spirit)과 관련한 그리스도인의 삶(Christian Life)을 제대로 표현하고 있다고 생각하기 때문입니다.

클라우스 이슬러는 말합니다. "성경에 기초한 기독교 영성에 대한 설명은 모두 성령을 포함한다." 이어서, 그는 영성을 이렇게 정의합니다. "기독교 영성은 예수 그리스도 안에 있는 자들이 하나님과의 관계에서 신뢰와 우정을 더해 가는 것이다. 좀 더 구체적으로 말하자면, 그것은 내주하시는 하나님의 성령을 통해서 성부, 성자, 성령이신 삼위일체 하나님과 맺는 끝없이 성장하는 관계이며, 체험적 역동성을 지닌 관계다."(《주님과 거닐다》, 31쪽)

갈라디아서 5장에서 어떤 단어보다 많이 사용되는 단어가 '성령' 입니다. '할례'는 다섯 번, '육체'는 여섯 번 사용되는데, 성령은 여덟 번 등장합니다. 바울은 이미 갈라디아 이방인 출신 그리스도인들이 출발점부터 성령과 관계되어 있었다고 이야기한 바 있습니다.

> 나는 여러분에게서 이 한 가지만을 알고 싶습니다. 여러분은 율법을 행하는 행위로 성령을 받았습니까? 그렇지 않으면, 믿음의 소식을 들어서 성령을 받았습니까? 여러분은 그렇게도 어리석습니까? 성령으로 시작하였다가, 이제 와서는 육체로 끝마치려고 합니까? 여러분의 그 많은 체험은, 다 허사가 되었다는 말입니까? 참말로 허사였습니까? 하나님께서 여러분에게 성령을 주시고 여러분 가운데서 기적을 행하시는 것은 여러분이 율법을 행하기 때문입니까, 아니면 믿음의 소식을 듣기 때문입니까? 그렇지 않으면, 여러분이 복음을 듣고 믿어서 그렇게 하신 것입니까? (3:2-5)

우리는 앞서 사도들이 유대인에게 임한 성령이 이방인에게도 임했다는 사실을 보고 듣는 장면을 살펴보았습니다. 이로써 사도들은 복음이 유대인의 경계를 넘어 이방인에게도 전해졌다는 명백한 증거를 발견했습니다(cf. 행 15:8). 과거 갈라디아 성도들은 유대인의 경계를 넘어서는 성령의 일하심과 내주하심을 체험하고, 인격과 공동체에 거하시는 성령을 경험했습니다. 성령으로 탄생한 갈라디아 성도들이 갖게 된 새로운 생명은 계속 성장해야 했습니다. 그런데 새로운 생명의 성장을 방해하는 일이 생긴 것입니다.

클라우스 이슬러가 정의한 대로 표현하자면, 갈라디아 성도들은 "내주하시는 하나님의 성령을 통해서 성부, 성자, 성령이신 삼위일체 하나님과 맺는 끝없이 성장하는 관계이며, 체험적 역동성을 지닌 관계"를 계속 유지하는 데 어려움을 겪게 되었습니다. 바울은 이를 달리기에 비유했습니다. 5:7에 주목해 봅시다.

여러분은 지금까지 잘 달려왔습니다. 그런데 누가 여러분을 가로막아서, 진리를 따르지 못하게 하였습니까?

왜곡된 영성 1: 율법주의 · 금욕주의

바울은 이 '달리기'가 가로막힌 이유를 두 가지로 정리합니다. 두 가지는 모두 육체(flesh)와 관련됩니다. 먼저 바울은 5:2-12에서 할례를 받으라며 교란하고 선동하는 이들을 지목합니다. 이 주장이 육체와 관련된다는 점은 6:12에서 분명하게 언급됩니다. "육체의 겉모양을 꾸미기를 좋아하는 사람은, 여러분에게 할례를 받으라고 강요합니다." 즉, 할례가 육체의 겉모양을 꾸미는 일로 묘사됩니다.

또 다른 이유는 5:13-21과 5:26에 나옵니다. 갈라디아 성도들은 자신들이 누리던 자유를 도리어 "육체의 욕망을 만족시키는 구실"(5:13)로 삼았습니다. 그리하여 육체의 욕망을 따라 "서로 물어뜯고 잡아먹고"(5:15) "잘난 체하거나 서로 노엽게 하거나 질투하거나"(5:26) 하는 식으로 행동했습니다. 아마도 갈라디아 사람들이 복음을 받아들이기 전에 생활해 오던 방식, 즉 육체의 욕망대로 살았던 사례를 두고 하는 말 같습니다.

할례 문제는 바울이 자전적 이야기를 들려주는 2장에 이미 기록되어 있습니다만, 할례를 받으라며 교란하고 선동하는 사람들이 일으키는 문제가 정말 심각했던 모양입니다. 이 사람들은 아마 이렇게 말하지 않았을까요? "여러분이 이방인으로서 성령을 경험한 사실은 인정합니다. 그런데 그 성령의 경험이라는 게 너무 주관적이고 막연하고 모호하지 않습니까?" 혹은 "의롭다고 인정받을 수 있는 신앙적 경험은 구체적이면 구체적일수록 좋은 거 아닙니까? 가능하면 할례처럼 눈으로 볼 수 있어야 하지 않겠습니까?" 같은 식으로 말입니다.

게다가 5:11에 근거해서 추론해 보면, 이렇게도 말했을 것입니다. "무엇보다도 바울을 생각해 보세요. 여러분에게 복음을 전한 바울도 이미 할례를 받지 않았습니까? 아마 바울도 할례를 받는 일에 대해 좋게 이야기할 것입니다!" 5:13 이하 묘사를 보면, 그들의 설득은 이렇게도 확장되었을 것입니다.

> "여러분 중 그리스도인의 자유, 성령의 자유를 말하는 사람들을 보면 어떻습니까? 가이드라인이 구체적이지 않으니까 이방인 시절처럼 그저 육체의 욕망대로 사는 것 아니겠습니까? 그러니 할례를 받고 율법을 지키는 것처럼 단순하고 구체적인 행동이 가이드라인으로 제시되어야 합니다. 이것은 안전하고 매우 유용한 것입니다."

바울은 이런 사태에 이중적인 반응을 보입니다. 갈라디아 성도들에게는 신뢰를 보여 주고, 이들을 꾀는 사람들을 향해서는 단호합니다. "나는 여러분이 다른 생각을 조금도 품지 않으리라는 것을 주님 안에서 확신합니다. 그러나 여러분을 교란시키는 사람은, 누구든지 심판을 받을 것입니다."(5:10) 바울은 이미 4:19에서 갈라디아 이방인 출신 그리스도인들을 향한 애틋한 마음을 표현했습니다. "나의 자녀 여러분, 나는 여러분 속에 그리스도의 형상이 이루어지기까지 다시 해산의 고통을 겪습니다." 바울은 여전히 성령으로 거듭난 이들이 그리스도의 형상을 이루기까지 다른 생각을 조금도 품지 않으리라는 사실을 신뢰한다는 확신을 보여 줍니다.

반면, 그리스도인의 성장과 영성과 관련해서 잘못된 주장을 펼치는 이들에게는 가혹하리만치 단호합니다. "누구든지 심판을 받을 것입니다."(5:10) 바울은 이 말을 꺼내기에 앞서, 5:9에서 이들을 부정적 의미로 "누룩"이라고 표현합니다. 출애굽 당시 이스라엘은 새 출발을 위해 누룩을 제거한 무교병을 준비해야 했습니다. 이처럼, 새로운 출애굽 백성 공동체 갈라디아 교회는 이런 누룩을 제거해야 합니다. 갈라디아 교회를 교란하고 선동하는 이들이 누룩입니다.

그렇기에 바울은, 우리가 생각할 때 상당히 끔찍할 수 있는 표현을 씁니다. "차라리 자기의 그 지체를 잘라 버리는 것이 좋겠습니다."(5:12) 할례가 그렇게 중요하면, 아예 거세하는 게 낫겠다고까지 이야기합니다. 어쩌면 바울은 포피를 베어 내는 의식인 할례라는 상징을 통해, 선동하는 이들이 공동체에서 제거되기를 바란다고 말하는 듯합니다. 과격한 표현을 사용해 교란하고 선동하는 이들을 향한 부정적 감정을 강하게 표출합니다.

바울이 과격하고 심하게 말하는 이유는 무엇입니까? 바울에게는 할례를 받는 문제가 그렇게 단순하지 않기 때문입니다. 갈라디아 성도들이 할례를 받으면, 그리스도가 그들에게 아무 유익을 주지 못하기 때문입니다(5:2). 할례를 받는 모든 사람에게는 반드시 율법 전체를 이행해야 할 의무가 지워집니다(5:3). 의롭게 되려는 의도로 율법을 행하려 하기에 결국 이런 사람은 그리스도에게서 끊어지고 은혜로부터 떨어져 나가고 맙니다(5:4).

바울에게는 할례 문제가 빵에 있는 "적은 누룩"과 같습니다. 겉으로는 아무것도 아닌 듯 보이지만 결국 복음 자체를 손상케 하기 때문입니다. 그리스도의 은혜도 중요하나 율법의 작동도 필요하다는 주장은 미묘하게 복음을 손상케 합니다. 율법의 작동이 그리스도의 신실하심에 기초하여 그리스도를 믿음으로 의롭게 여겨지는 은혜의 복음을 무효화합니다. 그리스도가 사실상 아무 유익을 줄 수 없는 상태가 되어 버립니다.

자기 의지로 육체를 제어하여 율법을 수행할 수 있다고 믿고, 육체에 가시적 흔적을 징표로 남겨서 신앙 성숙을 보여 주려는 사고방식은 매우 위험합니다. 통칭 율법주의적 영성인데, 바울이 감정을 과격하게 표현할 만큼 위험한 것입니다.

왜곡된 영성 2: 자유방임적 신비주의 ─────────

할례로 상징되는 율법주의적 영성과 정반대인 것 같지만 사실상 뿌리가 같은 신앙이 5:13-21, 그리고 5:26에서 이야기하는 삶입니다. 5:13처럼 그리스도인으로서 자유로 부르심을 받았다고 하나, 그것을 "육체의 욕망을 만족시키는 구실"로 삼고 맙니다. 윤리적으로 자유방임적인 태도라고 할 수 있습니다. 율법폐기주의입니다.

그러나 바울은 지금까지 율법이 완전히 무효화되었다고 말하지 않았습니다. 율법은 자체적 한계도 있지만 가치도 있습니다. 바울은 율법의 정신을 이렇게 요약합니다. "모든 율법은 '네 이웃을 네 몸과 같이 사랑하여라' 하신 한 마디 말씀 속에 다 들어 있습니다."(5:14) 그리스도인으로서 생명이 있다는 표시, 그리스도인으로서 성숙하다는 표시, 다른 말로 영성의 표지가 여기 있다고 봅니다. 바울이 '사랑으로 서로 섬기는'(5:13) 행위와 "서로 물어뜯고 잡아먹고"(5:15) 하는 행위를 대조하는 이유입니다.

'서로'라는 단어는 언제나 두 사람 이상의 공동체를 전제하고 있습니다. 이 서로라는 공동체 안에서 맺는 관계, 이웃을 향한 태도가 중요합니다. 그리고 바울은 서로를 내 몸과 같이 사랑하는지와, "원수맺음과 다툼과 시기와 분냄과 분쟁과 분열과 파당과 질투"(5:20-21) 등의 행실 그리고 "잘난 체하거나 서로 노엽게 하거나 질투하거나"(5:26) 하는 일 또한 대조하고 있습니다. 율법폐기주의적 태도를 경계하고 있는 셈입니다.

바울은 육체의 욕망을 그대로 간직한 채 사는 사람들이 보이는 구체적 삶의 모습을 5:19-21에 열거합니다. "음행과 더러움과 방탕"은 성적인 행실, "우상숭배와 마술"은 종교적인 행실, "원수맺음과 다툼과 시기와 분냄과 분쟁과 분열과 파당과 질투"는 사회적인 관계와 관련한 행실의 목록입니다. "술 취함과 흥청망청 먹고 마시는 놀음"은 문화적 태도와 관련되어 있습니다.

하지만 이 분류가 무색한 이유는 "그와 같은 것들"(5:21)이라는 표현을 덧붙이는 모습을 보면 알 수 있습니다. 이외에 이 목록은 얼마든지 많아질 수 있습니다. 길게 나열한 윤리적으로 부정적인 삶의 목록과 관련해 바울이 덧붙이는 말이 있습니다. "내가 전에도 여러분에게 경고하였지만, 이제 또다시 경고합니다."(5:21) 즉, 갈라디아 이방인 출신 그리스도인들이 과거 기본 삶의 태도에서 보인 윤리적 모습도 별반 다르지 않았기에, 바울이 이들에게 복음을 전할 당시 이야기를 꺼내고 있지 않나 싶습니다(cf. 고전 6:8-10).

이렇듯, 믿기 전 이방인 시절 삶의 방식을 놓지 않고 그대로 이어가면서, 예수를 믿었으니 하나님 나라를 유업으로 받는다고 주장하는 사람들이 존재할 수 있습니다. 철저하게 이중적으로 사는 사람들입니다. 세상에서는 육체를 따라 자기 욕망대로 살고, 교회에 들어오면 종교성을 추구하는 사람들입니다. 이들은 윤리적으로 자유방임적인 율법폐기론자로 살아갑니다. 이들은 이렇게 생각합니다. '나는 자유를 얻었고, 구원을 받았다. 내가 어떻게 살아도 구원은 보장되어 있다. 내가 개떡같이 살아도 하나님은 찰떡같이 나를 구원해 주실 것이다. 하나님 나라를 유업으로 받게 해 주실 것이다.'

이들이 추구하는 종교적 태도는 신비주의 영성입니다. 세상에서 마음대로 살다가도, 교회 모임이나 집회에서는 하나님을 만나야 합니다. 이들은 신앙을 꾸준한 여정, 장거리 달리기로 생각하지 않습니다. 갑작스러운 감화, 한탕주의 영성을 추구합니다. 바울은 단언합니다. "이런 짓을 하는 사람들은 하나님의 나라를 상속받지 못할 것입니다."(5:21)

참된 영성: 성령을 따르는 홀가분한 삶

율법주의와 율법폐기주의는 전혀 다른 모습 같지만, 육체와 연관되어 있다는 공통점이 있습니다. 이때 육체는 신체 자체를 의미하지 않습니다. 바울은 신체 자체를 악하거나 부정하다고 생각하지 않았습니다. 로마서를 보면, 오히려 몸의 속량을 언급하고, 몸을 하나님이 기뻐하시는 산 제물, 합당한 예배로 드리라고 말합니다. 갈라디아서에서 육체는 살과 몸을 뜻하기도 하지만, 죄의 경향성을 지닌 육체라는 개념이 강합니다.

갈라디아서 5:16-17을 보면 육체라는 단어는 성령이라는 단어와 대조됩니다. 육체와 성령의 대조는 다음 장에서 더욱 분명해집니다. "자기 육체에다 심는 사람은 육체에서 썩을 것을 거두고, 성령에다 심는 사람은 성령에게서 영생을 거둘 것입니다."(6:8) 즉, 율법주의와 율법폐기주의 모두의 공통 뿌리인 육체는 성령과 대조됩니다.

바울이 본문 5:2-12에서 율법주의 영성을 논박합니다. 그러던 중 "우리는 성령을 힘입어서, 믿음으로 의롭다고 하심을 받을 소망을 간절히 기다리고 있습니다. 그리스도 예수 안에서는, 할례를 받거나 안 받는 것이 문제가 되는 것이 아닙니다. 가장 중요한 것은, 믿음이 사랑을 통하여 일하는 것입니다"(5:5-6)라고 말합니다. 그 후 "여러분이, 성령의 인도하심을 따라 살아가면, 율법 아래에 있는 것이 아닙니다"(5:18)라고 말합니다.

이와 같은 방식으로, 정반대의 율법폐기주의 영성, 자유방임적 삶을 경고하던(5:13-21, 26) 바울은 "여러분은 성령께서 인도하여 주시는 대로 살아가십시오. 그러면 육체의 욕망을 채우려 하지 않을 것입니다"(5:16)라고 권고합니다. 그 후 "우리가 성령으로 삶을 얻었으니, 우리는 성령이 인도해 주심을 따라 살아갑시다"(5:25)라고 결론을 내립니다.

바울이 두 가지 그릇된 삶의 양태, 즉 율법주의와 율법폐기주의를 비판하면서 공통되게 제안하는 내용은 분명합니다. 처음 복음을 받아들였을 때 성령의 내주로 새로운 생명을 얻었다면, 이후에도 성령이 인도해 주시는 대로 살아가야 합니다. 죄 있는 육신의 욕망대로 사는 삶도 말이 안 되지만, 죄 있는 육신의 욕망을 자기 의지로만 제어하고자 하는 노력 역시 그리스도의 은혜를 무효로 만들 수 있어 위험합니다.

비록 성령이 인도해 주시는 대로 사는 삶이 모호해 보일지라도, 믿음을 붙잡아야 합니다. 이 믿음은 사람들과의 관계 가운데 사랑으로 드러나야 합니다(5:13-14). 이 믿음의 여정은 마치 장거리 달리기와 같습니다. 믿음 안에서 삼위 하나님과 관계를 맺으며 성장하는 삶은 특정한 공식을 대입하는 방식으로 이루어지지 않습니다. 열매를 맺기 위해 시간을 들이는 일과 같습니다. 시간이 걸리고, 믿음과 소망과 사랑이 필요합니다(5:5-6). 바울은 이를 "성령의 열매"라고 표현합니다. 단수로 표기되는 '성령의 열매'는 "사랑과 기쁨과 화평과 인내와 친절과 선함과 신실과 온유와 절제"(5:22-23)라는 다양한 색깔로 나타납니다.

사람들은 종종 이렇게 성령을 따라 사는 일이 밋밋하거나 모호하다고 느낍니다. 구체적 실천 목록을 제시하여 삶을 구체적으로 이끌어 가는 듯한 율법 아래로 들어가고 싶어 합니다. 그런데 앞 장에서 언급했듯이, 이 율법은 참된 영성으로 인도하는 수단이 되지 않는다면 사람들을 피곤하게 만듭니다. 율법이 매개로서 성령이 이끄는 삶으로 인도하지 못하면 사람들을 죽이고 맙니다. 이것이 당시 유대교에 드러난 문제였습니다. 일찍이 예수님은 율법주의 종교에 찌든 사람들에게 말씀하셨습니다. 유진 피터슨 번역으로 마태복음 11:28-30을 보겠습니다.

> 너희가 피곤하냐? 지쳤느냐? 종교에 탈진했느냐? 나에게 오라. 나와 함께 떠나면 네 삶을 회복할 수 있을 것이다. 내가 너희에게 정말로 쉬는 법을 가르쳐 주겠다. 나와 걷고 나와 함께 일하라. 내가 어떻게 하는지 지켜보아라. 강제하지 않는 은혜의 리듬을 배워라. 나는 결코 너희에게 무겁거나 너희에게 맞지 않는 것을 짐 지우지 않겠다. 언제나 나와 함께 다니면 너희는 자유롭고 홀가분하게 사는 법을 배울 것이다. (《The Message》, 1808쪽)

이것이 진짜 그리스도인의 삶입니다. 우리가 성령의 이끌림을 받는다면, 강제하지 않는 은혜의 리듬을 배우고, 자유롭고 홀가분하게 사는 법을 배울 것입니다. 이런 삶은 우리는 사회적·공동체적 미덕으로서 성령의 열매를 맺는 일을 가능케 할 것입니다.

제3의 길, 올바른 영성 훈련이란 ───────

이 시점에서 우리는 다양한 영성 훈련에 대해 구체적으로 살펴보지 않을 수 없습니다. 영성 훈련을 본문에서 말하는 율법이나 할례와 같다고 볼 것인가, 아니면 그와 다른 가치를 지녔다고 볼 것인가 하는 문제입니다. 성경 읽기, 기도부터 시작해 금식, 십일조, 안식일 지키기 등을 영성 훈련으로서 권장하는 흐름을 어떻게 보아야 할까요? 리처드 포스터와 게일 비비는 말합니다.

> 성령은 우리 안에 거주하시면서, 우리가 그리스도의 형상에 이르기까지 결코 끝나지 않을 과정 속으로 우리를 인도하신다. … 많은 영성 훈련들이 이 과정을 가능하게 한다. … 그러나 이런 활동조차도 우리가 추구하는 바로 그 삶으로 가는 길을 막아 귀찮은 것으로 만들고 그 삶을 사라지게 할 수도 있다. 《영성을 살다》, IVP, 20쪽)

 말하자면, 영성 훈련 역시 율법처럼 그리스도의 형상을 이루는 과정 속 수단으로 존재해야 합니다. 영성 훈련 자체를 목적으로 삼아서는 안 됩니다. 그렇다면, 영성 훈련은 어떤 방향으로 이루어져야 할까요? 애들 알버그 칼훈은 말합니다.

> 그리스도를 닮도록 우리를 변화시켜 주는 것은 영적인 훈련 그 자체가 아니다. 우리 안에서 일하시는 하나님의 성령의 사역이 없다면 그런 실천들은 아무것도 보장해 주지 못한다. 영성 훈련은 성령님이 우리 영혼 위로 운행하실 수 있도록 한다. … 성령님은 우리가 하나님과 교제하는 각자의 독특함에 가장 잘 맞는 영성 훈련과 관계와 경험이 무엇인지 아신다. 성령님은 예수님이 우리에게 가르쳐 주겠다고 하신 '강제하지 않는 은혜의 리듬'으로 우리가 나아갈 수 있도록 돕는 방법이 무엇인지 아신다. 《영성 훈련 핸드북》, IVP, 28쪽)

여기서도 마찬가지로 성령께서 영성 훈련 전 과정에서 일하셔야 한다고 강조합니다. 영성 훈련도 성령의 인도를 통해 이루어져야 합니다. 자칫하면 영성 훈련도 율법주의나 금욕주의, 쾌락주의나 신비주의로 빠질 수 있다는 사실을 알고 항상 경계해야 합니다. 영성 훈련도 성령이 인도해 주시는 대로 해 나가야 합니다.

그리스도인 공동체 중 의지가 강력한 소수만이 좋아하는 금욕주의, 율법주의도 사실 육체를 자랑하는 일입니다. 그리스도인 공동체 중 대다수가 택하기 쉬운 자유방임주의, 율법폐기주의, 쾌락주의, 신비주의도 당연히 육체가 하는 일에 탐닉하는 것과 깊이 관련됩니다. 전자와 후자는 윤리적·종교적으로 정반대되는 선택으로 보이지만, 둘 다 영육 이원론에 입각하고 있습니다.

전자는, 육체는 악하고 영혼은 선하다고 보기 때문에 육체를 강력하게 통제하는 방식을 따릅니다. 후자는 악한 육체로 하는 일에 하나님께서 관심이 없으시다고 생각합니다. 영적이고 종교적으로 보이는 영역에서만 은혜를 받으면 된다고 여겨서 이분법적으로 생활하는 방식을 따릅니다. 세상에서는 쾌락을 추구하고 교회에서는 신비체험을 추구합니다. 율법주의적 금욕주의와 쾌락주의적 신비주의는 참된 영적 생활이라고 할 수 없습니다. 올바른 영성의 길이 아닙니다. 결국 우리를 피곤한 종교 생활로 이끌어 탈진시키고 말 것입니다.

영적 생활에서 제3의 길, 영성의 올바른 길은 바로 성령의 인도를 받는 삶입니다. 스스로 물어야 합니다. 나는 영성 훈련과 일상적 삶을 포함한 모든 신앙의 여정에서 성령의 인도를 받고 있는가? 나는 언제나 예수께서 약속하신 성령을 의식하고 있는가? 예수님은 약속하셨습니다.

> 보혜사, 곧 아버지께서 내 이름으로 보내실 성령께서, 너희에게 모든 것을 가르쳐 주실 것이며, 또 내가 너희에게 말한 모든 것을 생각나게 하실 것이다. (요 14:26)

우리는 믿음으로 성령의 인도를 따라 행해야 합니다. 교회 안에서, 종교적 삶뿐만 아니라, 경계 밖 세상 가운데서도, 보냄을 받은 일상 생활의 구체적 현장에서도 성령의 인도를 따라야 합니다. 성령의 인도를 받아 열매를 맺는 참된 영성의 삶을 살아가야 합니다.

8

교회
성품의 공동체
(A Community of Character)

갈 6:1-18

탈종교·탈교회 시대인 오늘날, 경계 너머 곧 바깥의 교회인 갈라디아 교회를 향한 바울의 권면을 통해 우리는 어떤 교회 모습을 그려 볼 수 있을까요?

6:1-2 형제자매 여러분, 어떤 사람이 어떤 죄에 빠진 일이 드러나면, 성령의 인도하심을 따라 사는 사람인 여러분은 온유한 마음으로 그런 사람을 바로잡아 주고, 자기 스스로를 살펴서, 유혹에 빠지지 않도록 조심하십시오. 여러분은 서로 남의 짐을 져 주십시오. 그렇게 하면 여러분이 그리스도의 법을 성취하실 것입니다.

교회가 세상의 소망이 되려면

"나는 그래도 대한민국을 위해 기도할 것이다." 이 말은 기도하는 사람의 덕스러운 발언이 아니었습니다. 사회적 공분이 더 크게 일어났습니다. 이런 댓글이 달렸습니다. "제발 기도하지 말라!" "기도라면 회개 기도를 해야 한다!" 〈시사IN〉 소속 기자는 그가 구속되는 날 밤 현장에서 이렇게 말했습니다. "각하, 감옥에 가서는 제발 예수 믿으세요. 돈만 믿지 마시고…."

"나는 그래도 대한민국을 위해 기도할 것이다." 이 말 한마디 때문에 그리스도인들과 교회는 또 한 번 부끄러움을 느껴야 했습니다. 교회가 무엇을 했기에 이런 사람들이 나올까요? 교회에 희망이 있을까요? 교회는 세상의 소망이 될 수 있을까요?

교회가 세상의 소망이 되기 위해서는 무엇을 해야 할까요? 개혁적 정관을 만들면 될까요? 인권과 정의를 위해 더욱 대범하게 사회적·정치적 발언을 하면 될까요? 가난한 사람들을 위한 법안을 만들고, 이들을 위한 복지 정책을 추진하는 일에 앞장서면 될까요? 지역과 마을에서 퍼 주는 공동체로 자리 잡으면 될까요? 세상을 더 선하고 더 정의롭게 만드는 일에 매진하면, 교회는 세상의 소망이 될 수 있을까요?

이런 일들을 하지 말자는 이야기는 아닙니다. 개혁적 모습으로 이모든 선한 일을 잘 감당하더라도, 교회 사람들이 하나님 나라에 합당한 성품으로 자라나지 않는다면 소용이 없습니다. 예수 그리스도의 십자가가 제시하는 이야기를 자신들의 삶에서 아름다운 덕으로 드러나지 못한다면 소용이 없습니다. 교회가 그리스도인을 십자가의 길을 따라가는 성품의 사람으로 길러 내는 공동체가 되지 못한다면, 교회는 세상의 소망이 될 수 없을 것입니다.

신학자 스탠리 하우어워스는 홀로 아들을 키우며 조울증 아내와 살아간 고독한 삶을 《한나의 아이》(IVP)라는 책을 통해 담담하게 진술했습니다. 그는 다른 책 《교회됨》(북코리아)에서 이렇게 말했습니다. "정치를 사회변혁의 문제에만 연관 지어서는 안 된다. 오히려 교회를 향해 던져야 할 결정적인 '정치적인' 질문이 있다. 교회는 과연 기독교적 확신이라는 핵심 내러티브에 충실하기 위해 어떤 공동체가 되어야 하는가를 물어야 한다. 공동체와 정치는 과연 어떤 사람들을 육성했는지에 의해 이해되고 판단되어야 한다. 가장 바른 정치는 덕을 함양하는 정치이다. 그리스도인들이 교회의 정치야말로

인간 공동체를 위한 가장 참된 가능성이라고 말하는 이유가 여기 있다."《교회됨》, 17쪽)

하우어워스는 교회가 교회 될 때, 기독교 핵심 이야기에 충실하게 사람들을 양육하고 육성할 때, 교회 공동체에서 구체적으로 연습하고 훈련하고 드러내고 실천할 때, 세상의 소망이 될 수 있다고 말합니다.《교회됨》의 원제는 'A Community of Character'입니다. 성품의 공동체, 덕성의 공동체, 덕스러운 성품의 공동체로서 교회 이야기를 갈라디아서 6장을 통해 보게 됩니다.

구체적 문제 가운데 드러나는 성품과 삶 ————————

갈라디아서는 목회 편지입니다. 복음이 유대인의 경계를 넘어, 이방소아시아 지역 갈라디아에까지 미치게 되었습니다. 이렇게 하나님은 이방인 교회 공동체를 새로 세우시는 것을 통해 새로운 일을 해 나가셨습니다. 경계를 넘어선 하나님의 일하심을 보고 기뻐하던 사도 바울과 그의 선교팀이, 갈라디아 교회에 복음의 진전을 가로막는 문제가 나타나자 매우 안타까워하면서 쓰게 된 편지입니다.

이 편지에서 바울은 다른 복음을 전하는 사람들을 비판했습니다. 바로 아브라함 자손이라는 사실과 출애굽을 자랑하고, 유대교 율법을 좇아 할례를 강조하는 가르침을 전하는 자들이었습니다. 두려움과 배제의식을 기저에 깐 채로 성경을 읽고 이해하는 박스 안의 사고 방식을 가진 자들이었습니다. 이들은 육체와 율법의 지배를 받는 삶을 추구했습니다.

바울은 갈라디아 교회에 문제를 가져다준 이들과 대조되는 방식으로 하나님이 아브라함에게 주신 약속과 출애굽의 모세율법을 제대로 읽는 해석의 눈을 제공합니다. 성령을 좇아 복음 안에서 자유를 누리는 삶, 삼위일체 하나님의 일하심을 경축하는 하나님의 선교 관점을 서신에서 계속 강조하고 있습니다.

바울은 마지막 6장에서 대단원의 막을 내리며, 성령으로 살고 성령의 인도를 따라 행하는 것이 공동체 안에서 어떻게 구체적으로 드러날 수 있는지 이야기합니다. 성령의 열매로 표현되는 그리스도인의 성품과 삶은 반드시 공동체 안에서, 관계 속에서 구체적인 문제 가운데 드러납니다. 공동체적 삶과 구체적 문제 상황이 그리스도인의 성품과 삶의 전시장이자 훈련장이라고 말해도 무방할 정도입니다.

여기서 바울은 공동체 내 두 가지 구체적 상황에서 어떻게 할 것인지 이야기합니다. 하나는 공동체에서 "죄에 빠진" 형제를 대하는 상황입니다(6:1-5). 다른 하나는 공동체에서 물질이 필요한 사람들에게 선한 일을 하는 상황입니다(6-10).

연약한 형제를 어떻게 대할 것인가 —————

바울이 언급하듯 성령으로 사는 삶, 그리스도인의 성품은 공동체 내 타인의 범죄를 대할 때 나타나는 모습에서 구체적으로 드러납니다 (6:1-5). 성령이 인도해 주시는 대로 사는 사람이라면, 온유한 마음을 품고 죄를 범한 사람을 바로잡아 주어야 한다고 말합니다. 동시에 자기 자신을 살펴 유혹에 빠지지 않도록 조심하는 태도도 필요하다고 지적합니다. 6:2에 남의 짐을 져 주라는 말이 타인의 범죄에 대한 태도를 말한다면, 6:5에 자기 몫의 짐을 지라는 말은 자기 자신에 대한 태도를 말합니다.

우리는 어떤 잘못에 대해 징벌적(punitive) 태도를 보이기 쉽습니다. 벌을 가해 응당한 대가를 치르게 해야 정의롭다는 관점입니다. 이 징벌적 정의는 종종 문제를 바로잡기보다 더 복잡하게 만드는 경향이 있습니다. 바울은 온유한 마음을 요청하면서 서로 짐을 져 주라고 권합니다. 징벌적 태도가 아닌 회복적(restorative) 의도로 형제를 대해야 한다는 뜻입니다. 바울은 이를 통해 그리스도의 법이 성취된다고 말합니다.

그리스도의 법이 무엇인지는 5:14을 보면 알 수 있습니다. "모든 율법은 '네 이웃을 네 몸과 같이 사랑하여라' 하신 한 마디 말씀 속에 다 들어 있습니다." 즉, 죄를 범한 형제도 이웃으로서 자기 몸과 같이 사랑으로 대해야 한다는 말입니다. 곧 온유한 마음으로 잘못을 바로

잡고, 서로 짐을 져 주라고 합니다.

또한, 내 몸과 같이 사랑한다는 것은 자기 자신을 성찰하는 일과 연결됩니다. 곧 타인의 범죄를 대하는 과정에서 자신을 성찰(회고, reflective)하는 자세가 성령의 사람이 보여야 할 태도이자 성품입니다. 바울은 "자기 스스로를 살펴서"(6:1), "각 사람은 자기 일을 살펴보십시오"(6:4) 같은 구절로 자기 자신을 살피고 성찰하라고 강조합니다. 아마도 율법주의적 태도가 나타날 때 생기는 비교의식, 우월의식을 겨냥한 말인 것 같습니다.

그리고 바울은 다음과 같이 권고합니다. "어떤 사람이 아무것도 아니면서 무엇이 된 것처럼 생각하면, 그는 자기를 속이는 것입니다."(6:3) "각 사람은 자기 일을 살펴보십시오. 그러면 자기에게는 자랑거리가 있더라도, 남에게까지 자랑할 것은 없을 것입니다."(6:4) 바울은 우리가 얼마나 자기기만 혹은 나르시시즘에 사로잡히기 쉬운 존재인지 잘 알고 있었습니다.

공동체 내 연약한 자들, 도덕적·영적으로 실패한 자들을 대하는 태도에서 성령의 열매, 그리스도인의 성품이 드러납니다. 완벽한 교회 공동체는 역사상 단 한 번도 존재한 적이 없습니다. 교회 공동체에는 언제나 연약한 사람들, 실패를 거듭하는 사람들이 모여 있습니다. 하나님은 이들 가운데 우리의 성품을 빚어 나가십니다.

예수님도 마태복음 18:15-20에서 공동체 가운데 죄를 지은 형제를 어떻게 대해야 하는지 구체적으로 말씀하십니다. 단둘이서 만나

충고하고, 듣지 않으면 두세 증인과 함께 가고, 그렇게 해도 듣지 않으면 교회에 말하라고 했습니다. 그러면서 예수님 이름으로 두세 사람이 모인 공동체, 교회에 주어진 맺고 푸는 권세를 말씀하십니다. 같은 맥락에서, 바로 이어지는 18:21-35을 보면, 예수님은 죄 용서와 관련한 비유를 들려주십니다. 만 달란트 빚진 종과 백 데나리온 빚진 종의 이야기입니다.

이 비유에 담긴 의미는 18:35에서 명확해집니다. "너희가 각각 진심으로 자기 형제자매를 용서해 주지 않으면, 나의 하늘 아버지께서도 너희에게 그와 같이 하실 것이다." 용서를 하나님께 받은 선물이라는 사실을 잊으면, 자기 자신을 살피지 않게 됩니다. 연약하거나 실패한 사람들과 자신을 비교하며 자기 의를 자랑하기 십상입니다. 대개 '내로남불'의 태도를 보입니다. '내가 하면 로맨스, 남이 하면 불륜'의 줄임말입니다. 자기 잘못에는 관대하면서 다른 사람 잘못에는 법을 들이밀며 얼굴 붉히는 경우가 교회 안에 제법 많습니다.

연약하고 실패한 공동체의 식구들을 대할 때, 자신을 살피고 자기 몫의 짐을 진다는 것은 무엇을 뜻합니까? 우리 삶이 전적으로 우리의 성취라거나 우리 능력에 의한 결과물이 아니라고, 이루 말할 수 없는 선물로 우리에게 주어졌다고 인정한다는 말입니다. 이럴 때야 비로소 타인의 연약한 부분과 실패의 짐을 서로 져 줄 수 있습니다. 나도 연약하고 실패한 자이지만, 은혜와 선물로 회복되었다는 사실을 생각하는 것입니다. 자신을 반성하며 회고적으로 볼 수 있어야 합니다.

우리 삶이 공로가 아닌 선물로 주어졌다는 사실을 수시로 확인하는 성품이 필요합니다. 그래야 공동체 내에서 연약하고 실패한 이들을 징벌적 정의가 아닌 회복적 태도로 대할 수 있습니다. 죄에 빠진 이를 바로잡아 주는 회복적 정의를 이룰 수 있습니다.

그리스도인의 재정 사용에 대하여 ————

바울이 6:1-5에서 공동체 내 범죄라는 소극적 상황을 사례로 들었다면, 6:6-10에서는 성령으로 사는 적극적 삶을 사례로 이야기합니다. 한마디로 적극적으로 선한 일을 하는 삶입니다. 선한 일을 하라는 말은 당시 사용하던 관용적 표현으로, 시민 생활과 공동체 생활을 위한 재정을 기부하라는 뜻입니다(《모든 사람을 위한 갈라디아서 데살로니가전후서》, 121쪽).

바울은 6:6에서 "좋은 것을 함께 나누어야 합니다"라고 말했고, 6:9과 6:10에서 각각 "선한 일"을 권하는 말을 합니다. 총 세 번 '선한 일'과 관련한 표현을 사용해서 공동체 내에 재정을 기부하고 유무상통하는 문제를 다룹니다. 바울은 이것이 "성령에다 심는" 일이기에 "성령에게서 영생을 거둘 것"이라고 말합니다(6:8).

이렇듯 5장 말미에서 언급한 "성령의 열매"는 모호한 실천이 아닙니다. 구체적이고 물질적으로 필요에 반응하는 실천으로 나타납니다. 바울은 성령의 열매가 공동체 내부 성원의 물질적 필요에 헌신하는 모습으로 드러나야 한다고 말합니다.

이 맥락에서 볼 때, 특히 6:6이 불편하게 다가오는 분이 교회 공동체 안에 많이 있을 수 있습니다. "말씀을 배우는 사람은 가르치는 사람과 모든 좋은 것을 함께 나누어야 합니다." 과거 한국 교회가 어렵던 시절에는 모두가 형편이 어렵더라도, 가난한 목회자 가정을 돕기 위해 성미함에 쌀을 모으는 전통이 있었습니다. 끼니마다 식구당 한 숟갈씩 모은 쌀을 주일에 성미함에 넣었습니다. 6:6에 담긴, 함께 나누는 코이노니아 정신을 아름답게 보여 주는 사례입니다.

그러나 이 본문이 남용되는 사례도 있었습니다. 루터는 사람들이 과도한 너그러움으로 이 말씀을 남용하자 성직자들이 점점 더 탐욕스럽게 되었다고 비판하기도 했습니다. 루터의 말처럼, 이 구절을 지나치게 강조해서 사례를 많이 받는 목회자들도 있습니다. 이와 반대로, 목회자 사례비를 아까워하는 이들도 있습니다. 목회자가 돈을 받은 만큼 일하지 않는다고 생각하거나, 가족을 부양할 책임이 있는 목회자의 행동과 메시지를 사례와 물질로 통제하려는 이들도 주변에 없지 않습니다. 교회가 교회답지 않을 때 나타나는 증상이라 할 수 있습니다.

바울은 말합니다. "자기를 속이지 마십시오. 하나님은 조롱을 받으실 분이 아니십니다. 사람은 무엇을 심든지, 심은 대로 거둘 것입니다."(6:7) 회복적 정의를 이야기하는 맥락에서도 바울은 "자기를 속이는 것"(6:3)에 대해 언급합니다. 자기 자신도 죄가 사해진 죄인이라는 사실을 생각하지 않고, 공동체에서 죄를 지은 다른 지체와 비교해서 도덕적 우월감을 품고 무엇이나 되는 것처럼 생각한다면 자신을 속이는 것입니다.

선을 행해야 하는 상황, 즉 물질적·구체적 필요를 가진 모든 사람, 믿음의 가정, 말씀을 가르치는 자를 대할 때도 마찬가지입니다. 자기를 속이는 방식으로 이들을 대해서는 안 됩니다. 믿음의 식구들이 물질적 어려움에 부닥친 상황을 보면서도 반응하지 않는다면, 바울이 볼 때 하나님을 조롱하며 자기 육체를 위해 물질을 심는 것입니다. "자기 육체에다 심는 사람은 육체에서 썩을 것을 거두고"(6:8) 말 것입니다.

죄 용서를 선물로 받은 사람들이 죄에 빠진 이들에게 보이는 태도와 마찬가지로, 물질을 하나님의 선물로 생각하는 사람들은 다른 열매를 맺고, 다른 덕성을 보입니다. "성령에다 심는 사람은 성령에게서 영생을 거둘 것입니다."(6:8) 우리에게 주어진 모든 물질은 하나님께 받은 선물입니다. 하나님은 여러 통로, 여러 사람을 통해 우리에게 물질을 주셨습니다.

그런데 많은 경우, 물질을 내가 노력해서 벌어들였다고 생각하기 쉽습니다. 이렇게 생각하면, 돈 쓰는 데 인색하고 돈 쓰는 일을 아까워하는 인격이 되고 맙니다. 쉬운 예로, 아이들이 명절에 세뱃돈을 받았을 때 모습을 떠올릴 수 있습니다. 아이들은 자신이 세배라는 노동을 한 대가로 돈을 받았다고 생각하여 세뱃돈을 자기 돈으로 여깁니다. 사실은 노동의 대가가 아닌 선물인데, 자기가 노력한 결과라고 생각해 부모에게도 마음이 인색해지는 아이들 모습을 보기도 합니다. 이 모든 것을 선물로 생각하는 아이들은 세뱃돈을 사용할 때 마음이 후합니다.

성령의 열매가 성품으로 드러나는 사람들, 물질을 하나님의 선물이라고 고백하는 덕성의 사람들은 기회가 닿는 대로 모든 사람에게 선한 일을 하려 합니다(6:10). 무엇보다 믿음의 식구들에게 더 나누려 합니다. 이들은 모든 것을 하나님의 선물로 여깁니다. 죄가 사해지는 은총도, 우리에게 주어진 물질도 하나님의 선물로 여겨서, 그렇게 말씀을 가르치는 사람과도 기꺼이 모든 좋은 것을 함께 나눕니다(6:6).

이렇듯 성령의 열매는 공동체의 구체적 상황 속에 드러납니다. 성령의 열매를 맺는 사람은 모든 것을 자기 공로나 능력으로 여기지 않습니다. 그렇기에 자랑하지 않고, 무엇이든 하나님의 선물로 여깁니다. 성령의 열매는 이런 덕성을 지닌 사람에게서 나타납니다. 서로 남의 짐을 져 주고, 각각 자기 몫의 짐을 지며, 기회가 있으면 흔쾌히 물질적으로 선한 일을 할 때 덕성의 공동체가 형성됩니다.

성품의 공동체와 핵심 내러티브

이 지점에서 다시 한번 앞서 언급한 하우어워스 말을 되새기려 합니다. "교회는 과연 기독교적 확신이라는 핵심 내러티브에 충실하기 위해 어떤 공동체가 되어야 하는가를 물어야 한다. 공동체와 정치는 과연 어떤 사람들을 육성했는지에 의해 이해되고 판단되어야 한다. 가장 바른 정치는 덕을 함양하는 정치이다. 그리스도인들이 교회의 정치야말로 인간 공동체를 위한 가장 참된 가능성이라고 말하는 이유가 여기 있다." 그리스도인 공동체가 핵심 내러티브에 충실하고, 그 이야기에 걸맞게 나아갈 때 덕을 함양하는 덕성의 공동체가 될 수 있습니다.

덕성의 공동체로, 곧 교회를 교회답게 만드는 핵심 이야기는 무엇입니까? 바울은 편지를 마무리하며 다시 한번 교회가 교회다워지는 핵심 내러티브, 가장 중요한 이야기를 강조합니다. 이는 갈라디아서 마지막 부분 6:11-18에 나옵니다. 바울은 다른 편지들처럼 자필로 인사를 나누는데(cf. 고전 16:21-24; 골 4:19; 살후 3:17-18; 빌 1:19), 갈라디아서에서는 짧게 쓰지 않고 비교적 길게 아홉 절 분량으로 씁니다. 그동안 해 온 이야기의 핵심을 요약하면서 재차 강조합니다. "보십시오, 내가 여러분에게 직접 이렇게 큰 글자로 적습니다."(6:11) 이는 명확히 강조하는 표현입니다.

바울이 강조하는 핵심 내러티브는 분명합니다. "내게는 우리 주 예수 그리스도의 십자가 밖에는, 자랑할 것이 아무것도 없습니다. 그리스도로 말미암아, 내 쪽에서 보면 세상이 죽었고, 세상 쪽에서 보면 내가 죽었습니다. 할례를 받거나 안 받는 것이 중요한 것이 아니라, 새롭게 창조되는 것이 중요합니다."(6:14-15) 모든 것이 기초로 삼는 이야기, 핵심 내러티브는 예수 그리스도의 십자가, 새 창조 이야기입니다.

이 핵심 내러티브를 왜곡하는 자들은 "육체의 겉모양을 꾸미기를 좋아하는 사람"(6:12)이며, 할례를 받았어도 스스로 율법을 지키지 않습니다(6:13). 이들은 잘못된 내러티브를 들고 갈라디아 성도들에게 할례를 강요합니다. 바울은 지금까지 계속 이들에 대해 이야기했습니다. 이들은 복음의 내러티브를 왜곡해서, 십자가를 따를 때 생기는 괴로움을 피하기 위해 할례를 받으라고 강요했습니다. 경계를 넘어서는 복음의 이야기를 살아 낼 때 오는 어려움과 박해를 피하기 위해 할례를 받으라고 강요했습니다.

바울은 잘못된 내러티브를 의식해서, 인사로 편지를 마치기 전에 자랑할 것이 예수 그리스도의 십자가밖에 없다고 말합니다. 그 후 이렇게 고백합니다. "이제부터는 아무도 나를 괴롭히지 마십시오. 나는 내 몸에 예수의 상처 자국을 지고 다닙니다."(6:17) 이는 6:12에서 언급한 "육체의 겉모양을 꾸미기를 좋아하는 사람"과 대조해서 사용한 의도적인 표현입니다. 동시에, 실제로 예수 그리스도의 십자가 복음으로 인해 바울의 몸에 새겨진 수많은 박해의 흔적(cf. 고후 11:23)을 가리키는 표현이기도 합니다. 바울은 십자가 이야기를 직접 몸으로 살아 냈습니다.

그리고 바울은 새롭게 창조된 덕성의 사람이 되어, 자신과 마찬가지로 갈라디아 그리스도인들도 덕성의 사람으로 살아가기를 기대했습니다. 따라서 바울은 다음과 같이 기원합니다. "이 표준을 따라 사는 사람들에게와 하나님의 백성 이스라엘에게 평화와 자비가 있기를 빕니다."(6:16) 이 핵심 이야기, 표준을 따라 사는 사람들이 곧 하나님의 백성 이스라엘입니다.

하우어워스는 《교회됨》에서 말합니다. "이야기가 있다는 것만으로 대안 사회의 조건이 충족되는 것은 아니다. 이야기는 기꺼이 그 이야기를 따르려 하는 자에게만 의미가 있다. 비판가들이 기독교 역사를 통해 그리스도인의 성숙이 드러나지 못했다고 반박하는 이유가 바로 이것이다. 진리를 아는 것보다 중요한 것은 진리의 실천이다."(290쪽) 또한, 그는 이어서 말합니다. "성품의 계발은 우리가 지닌 내러티브 '안에 들어가 살기'를 배워갈 때 가능하다."(291쪽)

이야기, 표준, 진리는 지식으로 알기보다 실천해서 행하는 일이 더 중요하다는 말에 주목해야 합니다. 그러려면 이 표준, 핵심 내러티브 안에 들어가 살아야 합니다. 이를 위해서는 구체적 시간과 공간으로서 공동체, 교회가 필요합니다. "교회란 하나님 이야기에 충실한 존재가 되는 데 필요한 시간과 공간인 셈이다."(21쪽)

우리는 주 예수 그리스도의 십자가를 자랑해야 합니다. 또한 거기서 죽고 새롭게 창조되어야 한다는 표준, 핵심 이야기로서 복음 "안에 들어가 살기"를 배워야 합니다. 교회 공동체에서 하는 신앙생활은 이 복음의 핵심 이야기에 충실한 존재가 되기까지 필요한 시간과 공간을 누리는 일입니다. 이 시간과 공간, 구체적 공동체, 교회 안에서 우리는 거대한 이야기에 합당한 성품과 덕성을 얻을 것입니다.

　이 성품과 덕성은, 자신을 속이지 않고 모든 것을 선물로 이해하는 사람들만이 가질 수 있습니다. 우리는 우리 삶이 선물로 주어진 것들에 의존한다는 사실을 십자가 이야기, 복음의 이야기를 통해 깨닫습니다. 주어진 선물에 적합하게 살아가는 방식도 이 이야기를 통해 깨닫습니다. 이 이야기와 이 이야기를 품은 공동체를 통해 우리는 미덕의 성품을 얻고, 덕성의 사람이 되어 갑니다. 그렇게 육성되어 갑니다.

성품의 공동체를 빚는 교회력과 성례의 가치　──────

교회력과 성례(세례와 성찬)는 복음의 핵심 이야기를 시간과 물질 경험으로 펼쳐 놓은 것입니다. 공동체는 매년 교회를 따라 살며 이 이야기 안에 들어가 살기를 배웁니다. 성례를 통해 "예수 그리스도의 십자가를 자랑하는 것"이 무엇이며, "예수의 상처 자국을 지고" 다니는 것이 무엇인지 깊이 묵상하는 훈련을 합니다.

교회 공동체는 세례와 성찬, 교회력을 따라 복음의 핵심 이야기에 근거해서 자기 자신을 살피고, 자기 짐을 집니다. 공동체를 살피고, 서로 남의 짐을 지는 훈련과 결단을 합니다. 교회력과 성례를 통해 선물로 주신 자기 생명을 회고합니다. 선물로 받은 물질로 공동체에서 선한 일을 하는 훈련을 합니다.

교회에 소망이 있습니까? 교회는 어떻게 세상의 소망이 될까요? 만일 우리가 예수 그리스도의 십자가를 자랑하고, 그 이야기에 충실히 거하면, 교회에는 소망이 있습니다. 교회가 잘못된 이들을 용납하는 회복적 정의 공동체, 넉넉하게 필요를 채워 주는 덕성의 공동체, 미덕의 공동체, 성품의 공동체로 빚어진다면, 세상의 소망이 될 것입니다. 이 표준과 이야기를 따라 사는 이들에게 평화와 자비가 있기를, 우리 주 예수 그리스도의 은혜가 있기를 빕니다. 아멘.

탈교회 시대, 갈라디아서가 주는 상상력

갈라디아서는 많은 주석가와 설교자가 강조하듯 이신칭의만 내세우거나, 은혜와 율법의 관계만 다룬 교리서가 아닙니다. 바울에게 성격적 결함이 있다고 의심하게 하는 허탄한 논쟁서도 아닙니다. 이 사실들은 이제 확실해졌습니다. 오히려 경계 바깥에 있는 사람을 향한 사랑을 드러내고, 삼위 하나님의 복음 이야기를 향한 열정을 담은 연서에 가깝습니다.

갈라디아서는 교회 내부에서 일어난 교리적 갈등 혹은 힘겨루기를 담은 책이 아니라, 세상 가운데 일하시는 하나님의 선교에 담긴 가치와 정신, 즉 미셔널을 이야기하는 책입니다. 이는 곧 갈라디아서를 하나님의 선교 관점에서 읽을 때만 확실하게 드러나는 사실입니다. 갈라디아서를 하나님의 선교 관점에서 읽는다는 말은, 조지 훈스버거가 다음과 같이 분류한 범주와 태도를 의식하며 읽는다는 뜻입니다.

(1) 성경 본문이 '미시오 데이', 즉 창조 세계 전체에 대한 선교를 감당하고 계시는 하나님의 정체성을 그리는 방식, (2) 창조 세계를 향한 하나님의 선교에 참여하도록 부름받은 하나님의 백성을 형성하기 위해 성경 본문이 구성된 방식, (3) 성경 본문이 공동체의 선교적 위치를 담은 해석적 읽기와 질문을 일깨우고 도전하는 방식, (4) 성경 본문이 예수 그리스도 안에서 하나님의 통치에 대한 좋은 소식에 비추어, 전해진 전통을 특정 정황과 연결하는 방식. (《선교적 성경 해석학》, 102쪽)

갈라디아서는 한마디로 경계 너머, 바깥을 살아가는 이들을 향한 미셔널 편지입니다. 전환기를 명확히 인식하는 가운데 복음이 어떤 의미인지를 분명하게 이야기하는 책입니다. 바울은 갈라디아서에서, 자기 삶의 서사와 구체적 이야기가 세상 가운데 일하시는 하나님의 선교와 어떻게 연결되는지를 통해 경계를 넘어 일하시는 하나님 이야기를 풀어내고 있습니다. 갈라디아서는 어떻게 구약성경을 하나님의 선교 이야기 맥락에서 풀어내고 이해해야 하는지, 구체적 예시를 잘 보여 줍니다.

우리는 갈라디아서로 미셔널 해석학에 대한 중요한 힌트를 얻을 수 있습니다. 아브라함 언약부터 출애굽과 새로운 출애굽에 이르기까지 성경 전체 서사가 하나님의 선교 이야기라는 사실을 볼 수 있어야 합니다. 그래야 바르게 성서를 읽고 해석할 수 있습니다.

갈라디아서는 하나님의 선교 관점에서 어떻게 사람이 그리스도의 제자로 훈련받는지, 성령이 인도해 주시는 영성적 삶의 방향이 무엇인지 가르쳐 줍니다. 다른 말로, 미션얼 제자 훈련과 미션얼 영성에 대한 상상력을 열어 줍니다. 갈라디아서는 교회가 세상 가운데 하나님의 선교 매체가 되기 위해 어떤 성품의 공동체, 어떤 이야기 공동체가 되어야 하는지를 잘 보여 줍니다.

그렇다면, 갈라디아서가 오늘, 우리에게 의미가 있는 이유는 무엇입니까? 우리 시대가 '포스트'가 붙는 시대, 탈종교·탈교회 시대이기 때문입니다. 교회라는 박스 내부에서 한 우물만 열심히 파는 것으로는 이 시대를 견인하지 못합니다. 이미 하나님은 교회 바깥에서 일하고 계십니다.

이런 격변기, 전환기, 경계 시기에 복음은 어떤 의미를 지닙니까? 그리스도인으로서 일상생활을 살아간다는 것은 무엇을 뜻합니까? 또 교회는 어떤 모습을 지향해야 할까요? 갈라디아서는 이 물음들에 대한 상상력을 제공합니다. 오늘 우리 시대에 필요한 것은 '너머의 복음' '너머의 교회'입니다.

감사의 글

책 짓기 역시 덕성의 공동체를 경험하는 과정입니다.

이 책은 저 한 사람의 작품이 아닙니다. 초기 단계의 원고는 말씀
해석 공동체 엘비스클럽과 사귐의교회의 합작품이었습니다. 초고를
함께 윤독하며 상세하게 내용과 자구를 수정하기 위해 토론하고 마
지막까지 꼼꼼하게 점검해 준 일상생활사역연구소 동역자들(박태선,
차재상, 정한신)의 눈물 어린 수고 덕분에 이 정도 가독성을 갖게 되었
습니다. 감히 공동체가 함께 만든 책이라고 말해야 할 것입니다. 저
자 공동체가 되어 준 모든 분께 지면을 빌려 감사드립니다.

일상신학과 미션얼 운동 확산을 위한 일상생활사역연구소의 후원
자 공동체를 언급하지 않을 수 없습니다. 지난 20년간 꾸준하게 후
원해 주셔서 사역을 잘 감당할 수 있었습니다. 특별히 연구소의 출간
프로젝트를 위해 꾸준히 격려하고 지원해 준 김의수, 김중안 두 분
동지들이 베풀어 주신 사랑을 잊지 못합니다. 고맙습니다.

비전북 박종태 대표와 옥명호 편집주간도 편집과 출판을 위한 공

동체가 되어 주셨습니다. 첫 단독 저자로 데뷔할 수 있게 해 주시고, 다음 원고 출판을 격려해 주시고, 이 책이 모양을 갖출 수 있도록 섬세한 수고와 격려를 아끼지 않으셨습니다. 두 분을 비롯해, 책 작업에 참여한 출판 공동체의 모든 분께 진심으로 감사드립니다.

언제나 존재와 격려로 힘이 되어 준 가족 공동체, 아내 김미혜와 광일, 영은, 영인은 가장 기초적인 성품의 공동체입니다. 끊임없이 서로를 형성(formation)한 열매가 이 책입니다. 형성하는 덕성의 공동체 가족들에게…. "고마워~"

그렇지만 이런 수고와 격려와 사랑과 형성에도 불구하고 이 책에 흠결과 하자가 있다면 그것은 전적으로 저자인 저의 책임입니다. 그런 부족함을 통해 다시 배우고 성숙해 가겠습니다. 독자 공동체의 애정 어린 격려도, 매서운 비판도 달게 받겠습니다.

이 모든 것을 가능케 하시는 삼위 하나님 공동체 안에 잠겨 흘러넘치는 풍성함을 누릴 수 있기를 바랍니다.

새로운 교회, 너머의 교회가 온다

초판 1쇄 펴낸날 2024년 10월 24일

지은이 지성근
펴낸이 박종태

책임편집 옥명호
교열 강동석
디자인 스튜디오 아홉
제작처 성광인쇄

펴낸곳 비전북
출판등록 2011년 2월 22일 (제2022-000002호)
주소 10849 경기도 파주시 월롱산로 64(야동동)
전화 031-907-3927   **팩스** 031-905-3927
이메일 visionbooks@hanmail.net
페이스북 @visionbooks   **인스타그램** vision_books_

마케팅 강한덕 박상진 박다혜
관리 정광석 박현석 김신근 정영도 조용희 이용주 김석현
경영지원 김태영 최영주
공급처 ㈜비전북
   T. 031-907-3927   F. 031-905-3927

ISBN   979-11-86387-61-0 03230